岩波現代文庫／学術 373

〈仏典をよむ〉1

ブッダの生涯

中村 元
前田專學［監修］

岩波書店

はじめに――本シリーズの成り立ち

本シリーズは、中村元《はじめ》先生が、一九八五年四月から九月まで、NHKラジオ第二放送で行なわれた全二六回にわたる連続講義、「こころをよむ／仏典」を活字化したものです。

多数の仏典のうちでももっとも古い経典《きょうてん》とされている『スッタニパータ』から、代表的な大乗仏典である『般若心経《はんにゃしんぎょう》』『法華経《ほけきょう》』『浄土三部経《じょうどさんぶきょう》』、さらに密教経典『理趣経《りしゅきょう》』にいたるまで、これほど広く、またわかりやすい仏典の解説はほかに例がありません。とくに中村先生みずからラジオで放送され、耳で聴いてそのままわかるように、懇切丁寧に説明されたものだけに、一般読者にとって、格好の仏典入門といえるでしょう。

この連続講義は、ほぼ経典の成立順になっています。そのため第一・第二巻では、それぞれ『ブッダの生涯』『真理のことば』と題し、いわゆる原始仏典を扱います。

第三・第四巻では『大乗の教え(上)――般若心経・法華経ほか』『大乗の教え(下)――浄土三部経・華厳経ほか』と題し、「大乗仏典」をとりあげています。

中村先生は、一九九九年一〇月一〇日、八六歳の生涯を閉じられて、いまやその肉声を直接お聞きすることはできません。しかし本シリーズは先生の肉声の録音テープから稿を起こしていますので、読んでいる中にさながら先生から直接講義をお聴きしているような錯覚にとらわれます。読者がこれにより、仏典の興趣つきない魅力と奥深さに触れ、この混沌とした二一世紀を生きぬくための何らかの指針を見いだしていただけるならば、望外の幸です。

二〇〇一年一月

前田專學

凡　例

一、講義を翻刻するにあたって、以下の方針をとった。

a　講義では仏典の該当箇所を記した「テキスト」の存在を前提にしており、しばしば「テキスト」を参照すべきことを指示している。仏典の参照指示部分を補った。

b　ラジオ放送では、仏典のさわりを「読誦」するコーナーがあったが、これは活字化になじまないので省いた。

c　ラジオ放送は耳で聴いて理解することをめざしているため、ときにくり返しが多くなったり、あるいは説明が前後したりするところがある。適宜整理した。

一、読者の便宜のため、監修者の判断により、（ ）内に小字で説明を加えた。

一、引用文中、〔 〕は補い、（ ）は注・説明である。

目 次

写真提供＝丸山　勇

〈仏典をよむ〉第二～四巻目次

ガンダーラ
カシュミール
ヒマーラヤ山脈
シュラーヴァスティー
(サーヴァッティー)
〈舎衛城〉
カピラヴァアットウ
〈カピラ城〉
マトゥラー
ルンビニー
クシナガラ(クシナーラー)
ヴァイシャーリー
(ヴェーサーリー)
サールナート
〈鹿野苑〉
ヴァーラーナシー
(ベナーレス)
インダス河
ガンジス河
(ガンガー河)
ボードガヤー
(ブッダガヤー)
サーンチー
ウルヴェーラー
アジャンター
ギッジャクータ
〈霊鷲山(鷲の峰)〉
ラージャガハ
〈王舎城〉
スリランカ
0
300 km

第1回

ブッダの生涯

──『スッタニパータ』(1)

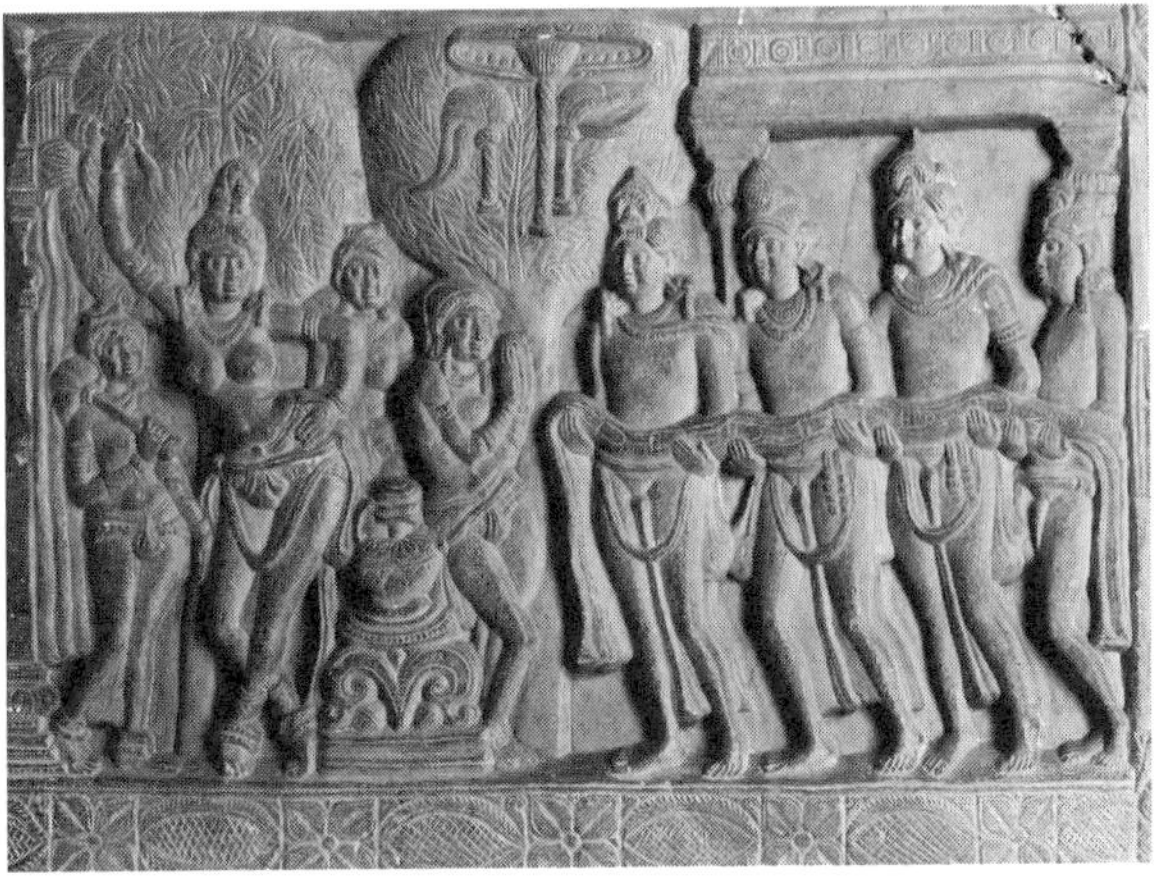

ブッダ誕生と七歩歩行　ナーガールジュナ＝コンダ出土，3～4世紀，ニューデリー国立博物館蔵．

『スッタニパータ』(*Suttanipāta*) は数多い仏教聖典のなかで、もっとも古い経典。歴史的人物としてのゴータマ・ブッダ(釈尊)のことばにもっとも近い詩句が集成されている。「第一／蛇の章」「第二／小なる章」「第三／大いなる章」「第四／八つの詩句の章」「第五／彼岸に至る道の章」からなり、一一四九の詩と散文で構成されている。

なお、『ブッダのことば──スッタニパータ』(中村元訳・岩波文庫)に全文が収録されている。

これから二六回にわたりまして、インドの重要な仏典について、そのことばをごいっしょに味わってみたいと思います。

仏典すなわち仏教の経典《きょうてん》は、ふつう「お経」と呼ばれていますが、それはもとは、ゴータマ・ブッダがだれかに説いたことがらを、口伝《くでん》のかたちで弟子たちが伝えてきて、のちの人がそれを最初は短い詩のかたちにしてまとめたものです。弟子たちがインド全般およびアジア諸国へ教えを弘《ひろ》めるにつれて、多数の経典がつくられました。

そのなかでも『スッタニパータ』がもっとも古く、したがって、ブッダの思想なり、あるいはそのころの人々の生活なりをもっともよく伝えているであろうと、学者は推定しております。スッタ(sutta)とは「縦糸」＝「経」、ニパータ(nipāta)は「集成」という意味です。したがって、「経の集成」ということです。

それで、まずはそのなかから、ブッダの生涯に関する三つのパッセージをとり出してみましょう。

まず、ブッダの誕生につきましては、『スッタニパータ』の第六七九の詩から述べられております(「第三／大いなる章」一一節、「ナーラカ」)。

ブッダの誕生

よろこび楽しんでいて清らかな衣《ころも》をまとう三十人の神々の群《むれ》と帝釈天《たいしゃくてん》とが、恭《うやうや》しく衣をとって極《きわ》めて讃嘆《さんたん》しているのを、アシタ仙《せん》は日中の休息のときに見た。

こころ喜び踊りあがっている神々を見て、ここに仙人は恭しくこのことを問うた。

「神々の群が極めて満悦しているのはなぜですか？

どうしたわけでかれらは衣をとってそれを振りまわしているのですか？

たとえ阿修羅《あしゅら》(古代インドの神の一。帝釈天に挑む鬼神ともされた)との戦いがあって神々が勝ち、阿修羅が負けたときにも、そのように身の毛の振い立つほど喜ぶことはありませんでした。どんな稀《まれ》なできごとを見て神々は喜んでいるのですか？

かれらは叫び、歌い、楽器を奏《かな》で、手を打ち、踊っています。須弥山《しゅみせん》(世界の中心にそびえ立つとされた高山）の頂《いただき》に住まわれるあなたがたに、わたしはおたずねします。尊《とうと》き方々よ、わたしの疑いを速《すみ》やかに除いてください。」

〔以上は六七九～六八二の詩。以下、番号のみ示す〕

「日中の休息」と申しますのは食後に休むことで、多くはそこで座《ざ》禅《ぜん》、瞑《めい》想《そう》をおこないます。そのときに「三十人の神々」、これは概数ですが、インドの古いヴェーダ聖典（古代インドのバラモン教の聖典）では三十三人の神々、三十三天《さんじゅうさんてん》とふつう申します。それの主《あるじ》が帝釈天で、『リグ・ヴェーダ』（ヴェーダ聖典中最古の聖典で、神々の讃歌の集成）ではインドラといいます。その神々の帝王および部下の神々がブッダの誕生を寿《ことほ》いでおり、その姿をアシタという仙人が見たというのです。

そして、この仙人の問いに対して、神々はこのように答えます。

「無《む》比《ひ》のみごとな宝である、かのボーディサッタ（菩《ぼ》薩《さつ》＝未来の仏）は、もろびとの利《り》益《やく》安《あん》楽《らく》のために人間世界に生まれたもうたのです、――シャカ族の村に、ルンビニーの聚《じゅ》落《らく》に。

だからわれらは嬉《うれ》しくなって、非常に喜んでいるのです。生きとし生ける者の最上者、最高の人、牡牛《おうし》のような人、生きとし生けるもののうちの最高の人(ブッダ)は、やがて〈仙人〔のあつまる所〕〉という名の林で〔法〕輪を回転するであろう。――猛《たけ》き獅子《しし》が百獣にうち勝って吼《ほ》えるように。」

〔六八三～六八四〕

「シャカ族」とはブッダ＝お釈迦《しゃか》さまの属していた種族のことです。その誕生の土地はルンビニーといって、現在ネパール王国の中部の南の方にあります。「仙人〔のあつまる所〕」という名前の林、これはベナーレス(ヴァーラーナシー)の郊外にあり、「鹿《しか》の園《その》」(サールナート。「鹿野苑《ろくやおん》」)といわれています。

仙人は〔神々の〕その声を聞いて、急いで〔人間世界に〕降りてきた。そのとき、スッドーダナ王の宮殿に近づいて、そこに坐して、シャカ族の人々に次のようにいった。

「王子はどこにいますか。わたしもまた会いたい。」

そこで諸々《もろもろ》のシャカ族の人々は、その児《こ》を、アシタ〔という仙人〕に見せた。――熔炉《ようろ》で巧みな金工《きんこう》が鍛えた黄金《おうごん》のようにきらめき、幸福に光り輝く尊い顔の児を。火炎のように光り輝き、空行く星の王（＝月）のように清らかで、雲を離れて照る秋の太陽のように輝く児を見て、歓喜《かんぎ》を生じ、昂《たか》まる喜びでわくわくした。

〔六八五〜六八七〕

「スッドーダナ王」というのはブッダの父です。ふつう「浄飯王《じょうぼんのう》」と訳します。当時、そのあたりで稲作が行なわれていたので、そういう名前がつけられたようです。「雲を離れて照る秋の太陽」という形容は、のちの仏典にもよく出てきます。インドでは秋の空は澄んでいて透きとおっていますから、雲の影がほとんど見られないのです。

神々は、多くの骨《ほね》あり千のまるい輪ある傘蓋《さんがい》を空中にかざした。また黄金の柄《え》のついた払子《ほっす》で〔身体を〕上下に扇《あお》いだ。……

〔六八八〕

これもインドの習俗を考えて理解することができます。インド、ネパールあたりでは国王または貴人の後ろに侍者が立っていて、傘をかざすことになっています。だから仏像には、上に傘蓋《さんがい》があるのです。また、虫がたかってしようがないから、といって、それを打って殺すのを嫌いますので、そこで柔らかい毛でつくった払子をもって虫を追い払う。だから、日本では高僧が儀式のときに払子を用いるのです。

そして、こう続きます。

カンハシリ(アシタ)という結髪《けっぱつ》の仙人は、こころ喜び、嬉しくなって、その児を抱きかかえた。――その児は、頭の上に白い傘をかざされて白色《はくしょく》がかった毛布の中にいて、黄金の飾りのようであった。相好《そうごう》と呪文《じゅもん》(ヴェーダ)に通暁《つうぎょう》しているかれは、シャカ族の牡牛〔のような立派な児〕を抱きとって、〔特相を〕検《しら》べたが、心に歓喜して声を挙《あ》げた。――「これは無上の方《かた》です、人間のうちで最上の人です。」ときに仙人は自分の行く末を憶《おも》うて、ふさぎこみ、涙を流した。仙人が泣くのを見て、シャカ族の人々は言った、——

「われらの王子に障《さわ》りがあるのでしょうか？」

シャカ族の人々が憂《うれ》えているのを見て、仙人は言った、——

「わたしは、王子に不吉の相《そう》があるのを思いつづけているのではありません。また かれに障りはないでしょう。この方は凡庸《ぼんよう》ではありません。よく注意してあげてください。

この王子は最高のさとりに達するでしょう。この方は最上の清浄《しょうじょう》（清らかな境地）を見て、多くの人々のためをはかり、あわれむが故に、法輪《ほうりん》をまわす（教えを説く）でしょう。この方の清らかな行ないはひろく弘《ひろ》まるでしょう。

ところが、この世におけるわたしの余命はいくばくもありません。（この方がさとりを開かれるまえに）中途でわたしは死んでしまうでしょう。わたしは比《たぐい》なき力ある人の教えを聞かないでしょう。だから、わたしは、悩み、悲嘆し、苦しんでいるのです。」

かの清らかな修行者（アシタ仙人）はシャカ族の人々に大きな喜びを起こさせて、そして宮廷から去って行った。かれは自分の甥（ナーラカ）をあわれんで、比なき力ある人（つまりブッダ）のお教えに従うようにすすめた。――「もしもお前が後に『目ざめた人（ブッダ）あり、さとりを開いて、真理の道を歩む』という声を聞くならば、そのときそこへ行ってかれの教えをたずね、その師のもとで清らかな行ないを行なえ。」〔六八九～六九六〕

その聖者《せいじゃ》は予見していたのですね。

……その聖者に教えられて、かねて諸々の善根《ぜんごん》を積んでいたナーラカは、勝利者を待望《たいもう》しつつ、みずからの感官《かんかん》をつつしみまもって暮らしていた。〈すぐれた勝利者が法輪をまわしたもう〉、との噂を聞き、アシタ〔という仙人〕の教えのとおりになったときに、出かけていって、最上の人である仙人（ブッダ）に会って信仰の心を起こし、いみじき聖者に最上の聖者の境地をたずねた。〔六九七～六九八〕

「勝利者」、これはブッダのことです。ほんとうの意味の勝利者ということです。やがて、その方が「法輪をまわしたもう」、つまり教えを説きたまうという噂を聞いて、つまり、アシタ仙人の言ったとおりになったのですから、出かけていって、それでブッダにお会いして信仰の心を起こし、いみじき聖者に最上の聖者の境地をたずねたと、そのように説かれております。

そのあとは、ナーラカがブッダにほんとうの仏教の実践についてたずねた。それに対して、ブッダが答えられたということが出ております。その教えの内容は、主として出家修行者のために説かれたものです。

師（ブッダ）はいわれた、「わたしはあなたに聖者の境地を教えてあげよう。これは行ない難く、成就《じょうじゅ》し難いものである。さあ、それをあなたに説いてあげよう。しっかりとして、堅固であれ。

村にあっては、罵《ののし》られても、敬礼されても、平然とした態度で臨《のぞ》め。（罵られても）こころに怒らないように注意し、（敬礼されても）冷静に、高ぶらずにふるまえ。

たとい園林のうちにあっても、火炎の燃え立つように種々のものが現れ出てくる。

婦女は聖者を誘惑する。婦女をしてかれを誘惑させるな。

婬欲《いんよく》のことがらを離れ、さまざまの愛欲をすてて、弱いものでも、強いものでも、諸々の生きものに対して、敵対することもなく、愛著《あいじゃく》することもない。

『かれらもわたしと同様であり、わたしもかれらと同様である』と思って、わが身と引きくらべて、〔生きものを〕殺してはならぬ。また他人をして殺させてはならぬ。

凡夫《ぼんぷ》は欲望と貪《むさぼ》りとに執著《しゅうじゃく》しているが、眼《まなこ》ある人はそれを捨てて道を歩め。この〔世の〕地獄を超えよ。

腹を減らして、食物を節し、少欲であって、貪ることなかれ。……」

〔七〇一〜七〇七〕

ここにいまご紹介しました仏伝は非常に古い形のものなのです。たしかにブッダの誕生が讃《たた》えられている。けれどもまだ、誕生ののちすぐ七歩あるいたとか、天上を指して「天上天下唯我独尊《てんじょうてんげゆいがどくそん》」と唱えたとかいうような伝説はできておりません。この後、だんだんと仏伝に関する伝説が成立していくのですが、その以前の非常に古いものがここに述べられていますので、ご紹介したしだいです。

ビンビサーラ王との対話

さて、ブッダは王家の長男として生まれ、何不自由ない生活を送っていたのですが、しかし、深く物思いに耽《ふけ》る性質があり、人生の真実を求めました。そして、ついに王宮におけるこの世の歓楽に満足することができなくて、王宮を出て修行者の道をたどります。

諸方を遍歴して当時の有名な哲人について学び、修行したのですが、ことに当時の第一の強国だったマガダ国のビンビサーラという王さまに会ったこと、これは注目すべきひとつの歴史的な事件です。ビンビサーラ王はブッダに向かって、「修行をやめて、もとの王位にお戻りなさい」「王家にお戻りなさい」とすすめるのですが、しかし、ブッダはそれに耳を貸さないで、修行者としての道をまっすぐに進みました。そのときのビンビサーラ王との会見のしだいが、『スッタニパータ』のなかに、出家、求道《ぐどう》というテーマで述べられております（「第三／大いなる章」一節、「出家」）。これはとくに有名で、また歴史性もあります。

眼《まなこ》ある人（ブッダ）はいかにして出家したのであるか、かれはどのように考えたのちに、出家を喜んだのであるか、かれの出家をわれは述べよう。

「この在家《ざいけ》の生活は狭苦しく、煩《わずら》わしくて、塵《ちり》のつもる場所である。ところが出家は、ひろびろとした野外〔であり、煩いがない〕」と見て、出家されたのである。

〔四〇五〜四〇六〕

お互いに世俗の生活のあいだで暮らしていますと、いろいろなことがありますから、たしかに狭苦しく、煩わしく感じることがありますね。当時、インド、ネパールあたりでは、道を求める人は家を出て修行者になるという習俗がありましたから、それにしたがったまでです。

出家されたのちには、身による悪行《あっこう》をはなれた。ことばによる悪行をもすてて、生活をすっかり清められた。

目ざめた人〔ブッダ〕はマガダの国〔の首都〕、山に囲まれた王舎城《おうしゃじょう》に行った。すぐれた相好《そうごう》にみちた〔目ざめた〕人は托鉢《たくはつ》のためにそこにおもむいたのである。〔四〇七〜四〇八〕

マガダの国は、ガンジス河〔ガンガー河〕の中流地帯の南のほうにありました。当時第一の大国であり、強国です。ラージギルといいますが、もとのことばではラージャガハ＝「王の家」という意味ですので、その地域のことを「王舎城」といいます。

このマガダの国の首都は山に囲まれておりました。おそらく、むかしは大きな火山の噴火口であって、中《なか》インドではめずらしく連山に囲まれております。むかし火山のあった跡であろうという証拠に、その近くにはインドにはめずらしく温泉があります。敵を防ぐには最適の土地で、まわりに山が連なったその頂《いただき》に城壁を築いていました。現在この首都の跡は無人の廃墟となっており、灌木の藪が繁っていて、まれに虎が出没するというぐあいですが、城壁の残骸は現在でもなお見られます。

そこへブッダは托鉢のためにおもむかれた。当時の修行者はみなこの托鉢によって暮らしておりましたから、そこへおもむいたのです。

そのとき、マガダ王であるビンビサーラは「高殿《たかどの》の上に進み出て」、ブッダが遠くから来られるのを見ました。「すぐれた相好にみちた人を見て」とありますが、ブッダはやはり、ふつうの人よりもすぐれた端麗《たんれい》な姿であると考えられていました。ビンビサーラはブッダを見て、侍臣《じしん》に次のように語ります。

「汝《なんじ》ら、この人をみよ。美しく、大きく、清らかで、行ないも具《そな》わり、眼《め》の前を見るだけである。
かれは眼《まなこ》を下に向けて気をつけている。この人は賤《いや》しい家の出身ではないようだ。王の使者どもよ、走り追え。この修行者はどこへ行くのだろう。」〔四二〇～四二一〕

「眼を下に向けて気をつけている」、これはいまの世の中ですと、「下になんかいいものでも落っこちていないか」と思って注意しているのかと思われそうですが、もちろんそうではありません。生きものや虫を踏みつけないように注意しながら歩くということです。これが当時のインドの修行者の作法でした。その戒律をきちんと守っている。だから、あとを追跡せよというわけですね。

派遣された王の使者どもは、かれのあとを追って行った。――「この修行者はどこへ行くのだろう。かれはどこに住んでいるのだろう」と。

かれは、諸々の感官《かんかん》を制し、よくまもり、正しく自覚し、気をつけながら、家ごとに食《しょく》を乞うて、その鉢《はち》を速《すみ》やかにみたした。〔四一二〜四一三〕

ブッダは「諸々の感官を制し」、つまり、誘惑に負けるようなことはないのです。「よくまもり、正しく自覚し」、しじゅう気をつけているのですね。そして、「家ごとに食を乞うて」、托鉢をして、「その鉢を速やかにみたした」。つまり、修行者は托鉢によって暮らしているのですが、一般世俗の信徒の信仰、信頼を得ますと、托鉢したときに、鉢の中にごはんをすぐ、いっぱい入れて満たしてくれる。だから、ここは人々から信頼を受けていたということを意味するのです。

聖者は托鉢を終えて、その都市の外に出て、パンダヴァ山におもむいた。――かれはそこに住んでいるのであろう。

〔ブッダがみずからの〕住所に近づいたのを見て、そこで諸々の使者はかれに近づいた。そうして一人の使者は〔王城に〕もどって、王に報告した。――

「大王さま、この修行者はパンダヴァ山の前方の山の洞窟の中に、虎か牡牛のように、また獅子のように坐しています」と。

使者のことばを聞き終わるや、そのクシャトリア（王族。ここではビンビサーラ王のこと）は壮麗な車に乗って、急いでそのパンダヴァ山におもむいた。

かのクシャトリアは、車に乗って行けるところまで車を駆《か》り、車から下りて、徒歩でおもむいて、かれに近づいて坐した。

〔四一四～四一八〕

パンダヴァ山は王舎城のまわりの連山のひとつです。

ビンビサーラ王は、車に乗って行けるところまで車で行き、あとは車から下りて徒歩で上って行ってブッダのところへまいりました。「車で行けるところまで行き、あとは徒歩で上って行った」、これは今日でも、王舎城周辺の仏蹟《ぶっせき》に行く場合にはそのようにしなければなりません。

王は坐して、それから挨拶のことばを喜び交わした。挨拶のことばを交わしたあとで、このことを語った。――

「あなたは若くて青春に富み、人生の初めにある若者です。容姿も端麗で、生れ貴いクシャトリアのようだ。

象の群を先頭とする精鋭な軍隊を整えて、わたしはあなたに財を与えよう。それを享受《きょうじゅ》なさい。わたしはあなたの生れを問う。これを告げなさい。」〔四一九～四二一〕

ビンビサーラ王はブッダに、「なぜ修行者になったのか、あなたは人生の楽しみを味わったらいいではないか」というわけです。

当時の軍隊、どこの国でもむかしの軍隊は似たようなものですが、インドの軍隊のひとつの特徴は象軍を持っていたということでした。象が暴れると敵を踏みつぶしてしまう。象をいかに使うかということがインドの兵法《ひょうほう》の書物に記されております。戦争の前には象にうんと酒を飲ませて、そうしてムチを当てますと、象がウワーッとかかっていく。これを見てギリシア人の軍隊はびっくりした、ということが知られております。

つまり、ビンビサーラ王はブッダに対して、「あなたに軍事援助をいたします。経済援助もいたします。それを受けなさい」というわけです。ビンビサーラ王は北のコーサラ国としょっちゅう対立していて、ブッダの国、つまりシャカ族の国はそのまた北のほうにありましたから、そこに軍事援助、経済援助をすることによって、コーサラ国を挟み撃ちしようと考えていたのです。これに対してブッダが答えました。

「王さま。あちらの雪山《せっせん》(ヒマーラヤ)のそばに、一つの正直な民族がいます。昔からコーサラ国の住民であり、富と勇気を具《そな》えています。姓に関しては〈太陽の裔《すえ》〉といい、種族に関しては〈シャカ族〉といいます。王さま、わたしはその家から出家したのです。欲望をかなえるためではありません。諸々の欲望には患《うれ》いのあることを見て、また出離《しゅつり》こそ安穏《あんのん》であると見て、つとめはげむために進みましょう。わたしの心はこれを楽しんでいるのです。」

〔四二二〜四二四〕

「正直な民族」とはシャカ族のことです。シャカ族はコーサラ国に従属しているけれども、富裕であり、武勇に秀でていたというのです。「太陽の裔」とは、太陽の親族で、祖先は太陽であるという観念です。これはわが国にも、よその国にもありますが、ここでも見られるのです。

いずれにせよ、ブッダは世俗的な誘惑をここできっぱり断わってしまったのです。つまりブッダは、修行者として道につとめるということ、ここに大きな喜びを持っていました。だから、ビンビサーラ王の申し出を拒絶したのであります。

悪魔の誘惑

そうして修行の生活を続けたのですが、修行の途中でブッダに悪魔の誘惑があった。その悪魔の誘惑をも退けたということが、『スッタニパータ』で申しますと、第四二五詩以下に出ております(「第三／大いなる章」二節、「つとめはげむこと」)。

ネーランジャラー河の畔《ほとり》にあって、安穏を得るために、つとめはげみ専心し、努力して瞑想《めいそう》していたわたしに、

〔悪魔〕ナムチはいたわりのことばを発しつつ近づいてきて、言った。「あなたは瘠《や》せていて、顔色《かおいろ》も悪い。あなたの死が近づいた。

あなたが死なないで生きられる見込みは、千に一つの割合だ。きみよ、生きよ。生きたほうがよい。命があってこそ諸々の善行《ぜんこう》をなすこともできるのだ。

あなたがヴェーダ学生としての清らかな行ないをなし、聖火《せいか》に供物《そなえもの》をささげてこそ、多くの功《く》徳《どく》を積むことができる。〔苦行に〕つとめはげんだところで何になろうか。つとめはげむ道は、行き難く、行ない難く、達し難い。」……

〔四二五〜四二九〕

ネーランジャラー河とは、ブッダのさとりを開いた場所、ブッダガヤー（ボードガヤー）の近くを流れている大きな川です。ナムチというのは、インドの『リグ・ヴェーダ』以来あらわれる悪魔の名前です。この悪魔がブッダに、「命があってのものだねだ」と言うわけですね。ここで「善行」と申しますのは、功徳を積むことで、とくにヴェーダの祭りをおこなって功徳を積むことを意味していました。

こう言って、悪魔はブッダのそばに立っていました。ところが、ブッダはつぎのように告げます。

「怠け者の親族よ、悪しき者よ。汝は〔世間の〕善業《ぜんごう》を求めてここに来たのだが、わたしにはその〔世間の〕善業を求める必要は微塵《みじん》もない。悪魔は善業の功徳を求める人々にこそ語るがよい。」〔四三〇〜四三一〕

「世間の善業」とここでいいますのは、ヴェーダの祭りのことです。「悪魔は善業の功徳を求める人々にこそ語るがよい」、つまり祭祀儀礼をおこなっていい福運にあずかりたいと思う人に語ればいい。

「わたしには信念があり、努力があり、また智慧《ちえ》がある。このように専心しているわたしに、おまえはどうして生命《いのち》をたもつことを尋ねるのか？〔はげみから起こる〕この風は、河の水の流れをも涸《か》らすであろう。ひたすら専心しているわが身の血がどうして涸渇《こかつ》しないであろうか。〔身体の〕血が涸れたならば、胆汁《たんじゅう》も痰《たん》も涸れるであろう。肉が落ちると、心はますます澄んでくる。わが念《おも》いと智慧と統一した心とはますます安立《あんりゅう》するに至る。わたしはこのように安住《あんじゅう》し、最大の苦痛を受けているのであるから、わが心は諸々の欲望にひかれることがない。見よ、心身の清らかなことを。」

〔四三二〜四三五〕

苦行によって、修養によって、心身が清らかになっているというのです。そして、悪魔に対してブッダは、おまえはいろいろ誘惑する軍隊を使っている、それが八つあるといいます。

「汝の第一の軍隊は欲望であり、第二の軍隊は嫌悪であり、第三の軍隊は飢渇《きかつ》であり、第四の軍隊は妄執《もうしゅう》といわれる。汝の第五の軍隊はものうさ、睡眠であり、第六の軍隊は恐怖といわれる。汝の第七の軍隊は疑惑であり、汝の第八の軍隊はみせかけと強情と、誤って得られた利得と名声と尊敬と名誉と、また自己をほめたたえて他人を軽蔑することである。

ナムチよ、これらは汝の軍勢である。黒き魔の攻撃軍である。勇者でなければ、かれにうち勝つことができない。〔勇者は〕これらにうち勝って楽しみを得る。このわたしがムンジャ草を取り去るだろうか？　この場合、〔わたしにとって〕命はどうでもよい。わたしは、敗れて生きながらえるよりは、戦って死ぬほうがましだ。」〔四三六〜四四〇〕

最後の「ムンジャ草を取り去る」、この意味がなかなかわからないのです。学者がいろいろ論議していますが、ムンジャ草を口にくわえて縛っておくというのは、これは「絶対に降参しない」という意思表示のようです。それを取り去れば降参することになる。戦争に出かけるときの一種の覚悟を示していたらしいのです。「敗れて生きながらえるよりは、戦って死ぬほうがましだ」とは、インドでよくいわれることばです。いまの場合は精神的な意味の闘いですから、その闘いに自分が負けて、砕けて降参するというようなことはしないというのでしょう。

「ある修行者たち・バラモンどもは、この〔汝の軍隊の〕うちに埋没してしまって、姿が見えない。そうして徳行《とっこう》ある人々の行く道をも知っていない。

軍勢が四方を包囲し、悪魔が象に乗ったのを見たからには、わたしは立ち迎えて
かれらと戦おう。わたしをこの場所から退《しりぞ》けることなかれ。

神々も世間の人々も汝の悪魔の軍勢を破り得ないが、わたしは智慧の力で汝の軍勢をうち破る。——焼いてない生《なま》の土鉢《どはつ》を石で砕くように。

みずから思いを制し、よく念《おも》い(注意)を確立し、国から国へと遍歴《へんれき》しよう。——教えを聞く人々をひろく導きながら。

かれらは、無欲となったわたしの教えを実行しつつ、怠ることなく、専心している。そこに行けば憂えることのない境地に、かれらはおもむくであろう。」

〔四四一〜四四五〕

ブッダは、「わたしはこの場所から退かない」「悪魔をやっつけてやる」というのですね。そして、ずっと注意しながら、「国から国へ遍歴する」。当時、修行者は一か所に留まらずに遍歴したものです。これは、一か所に留まっていてそこに愛着を生じてはいけない、何もとらわれない気持ちで遍歴するということなのです。そして、ほん

とうに教えを聞こうという人々に、ほんとうの生き方というものを教える。つまり解《げ》脱《だつ》の境地ですね。

ここに、のちになって仏教が普遍的宗教として教えをひろめるにいたったその心構えの端緒が見られるのであります。

そういう断固たる覚悟、決意を聞きまして、悪魔は申しました。

「わたしは七年間も尊師（ブッダ）に、一歩一歩ごとにつきまとうていた。しかもよく気をつけている正覚者《しょうがくしゃ》には、つけこむ隙を見つけることができなかった。鳥が脂肪の色をした岩石の周囲をめぐって、『ここに柔らかいものが見つかるだろうか？　味のよいものがあるだろうか？』といって飛び廻ったようなものである。

そこに美味が見つからなかったので、鳥はそこから飛び去った。岩石に近づいたその鳥のように、われらは厭《あ》いてゴータマ（ブッダ）を捨て去る。」　〔四四六〜四四八〕

ブッダのこの修行の年数は六年間とも申しますし、また、七年間ともいいますが、これはしょせん、数え方の相違です。ともかく、ずっとつきまとっていたけれども、よく気をつけている正覚者＝仏にはつけこむ隙を見つけることができなかった。ここにカラスが出てきますが、南アジアにはカラスが非常に多く、カラスがしょっちゅうカーカー鳴いております。カラスが脂肪の色をした岩石の周囲をめぐって、ここに柔らかいものが見つかるだろうか、なんか味のいいもの、おいしいものがあるだろうかといって飛びまわったようなものである。自分はそんなことをしていたという、つまり、悪魔の敗北宣言ですね。

悲しみにうちしおれた悪魔の脇から、琵琶《びわ》がパタッと落ちた。ついで、かの夜叉《やしゃ》は意気消沈してそこに消え失せた。〔四四九〕

夜叉とは神霊《しんれい》のことですが、この場合は悪魔のことを申します。かれは意気消沈して、消え失せたわけです。

修行中のブッダに対して悪魔がつけこもうとした。けれども、それに屈しなかったということを仏伝では伝えておりますが、これを昔から「降魔《ごうま》」と申します。悪魔を下すことですね。仏伝がだんだんと発展いたしますと、悪魔の数も増えてくるのです。そうして悪魔がブッダを誘惑し、ブッダがそれを退けるという場面は、仏教の彫刻、浮き彫りなどで、人々にもっとも親しまれたシーンとなりました。

第2回

ブッダのことば
――『スッタニパータ』(2)

初転法輪(五比丘への説法)　ガンダーラ出土，2世紀頃，パトナ博物館蔵.

ブッダの教え

『スッタニパータ』は、前回で申したとおり、現存する聖典のうちで、もっとも古いものとされていますが、ここには素朴簡潔なかたちで、最初期の仏教の教えが述べられております。

まず、部分的真理性が論ぜられています。ブッダが世にあらわれた時代は、文明が急速に高まりつつあった時代で、民衆の生活も豊かになってきましたが、そのために思想の混乱ということが顕著でした。

それ以前にはだいたい、ヴェーダの宗教が主でして、バラモンが祭祀《さいし》をおこなう、それによって幸いを求め、福を達成するというのが主流だったのです。

ところが、この時代になりますと、文明がすすみまして、人々に自由が与えられましたために、新しい思想家があらわれ出まして、哲人たちがいろいろなことを言うようになったのです。従前にはなかった唯物論《ゆいぶつろん》というものもあらわれてきました。

あるいはそこまでいかなくても、一種の機械論的な考え方、つまり、宇宙にせよ人間にせよ、いろいろな要素から成り立っている、人間なんていう存在は仮のものだ、といった主張が出てきました。そうすると、実践的にはとんでもない結論が出てくるのです。

たとえば、「人を殺してかまわない」。なぜかというと、人間というものはいくつかの要素が集まって構成されているものだから、人の頭をはねたといっても、鋭い剣の刃がいくつかの構成要素のあいだをスーッと通って行くだけだというのです。そんなことを真面目に言った人もあります。そうすると、もう道徳なんていうものは顧みられなくなります。道徳否定論ですね。

それから快楽論。生きているあいだは楽しく暮らせばいいじゃないかという考え方。あるいは反対に身体を苦しめる。われわれの霊魂が身体に閉じ込められて束縛されているから、だから、身体を苛《さいな》んで、その力を削《そ》ぐことによって霊魂の本来の力を発揮させるのだということを説く人もおりました。

思想が混乱しますと、もう考えるのをやめてしまおう、真理なんてものはわからないといって、考えるのをやめてしまう懐疑論者もあらわれました。あるいはもうなるようにしかならないのだ、宿命によってすべてがきまっているといって、何もかも投げてしまう人たちもおりました。

つまり、思想の混乱ということが当時の顕著な傾向だったのです。そうすると、人々は何に頼って生きていいのかわからない。よるべを失います。

そういう混乱のなかからあらわれ出て、人間の行くべき道、人はいかに生きるべきであるかというその目標を明らかにしたのがブッダです。この状況についての哲学的な反省が、『スッタニパータ』の第八七八詩以下に出ております(「第四/八つの詩句の章」一二節、「並ぶ応答――小篇」)。

〔世の学者たちは〕めいめいの見解に固執《こしゅう》して、互いに異なった執見《しゅうけん》をいだいて争い、〔みずから真理への〕熟達者であると称して、さまざまに論ずる。――「このように知る人は真理を知っている。これを非難する人はまだ不完全な人である」と。

かれらはこのように異なった執見をいだいて論争し、「論敵は愚者であって、真理に達した人ではない」と言う。これらの人々はみな「自分こそ真理に達した人である」と語っているが、これらのうちで、どの説が真実なのであろうか？

〔八七八〜八七九〕

めいめいの人が「おれこそ真理に達した人である」と語っている。これはその時代だけのことではなくて、ある意味では現代にも通用することではないですか。知識人、学者というものがめいめい、自分の考えていることだけが正しいと思って、反省しないという誤った傾向はやはり見られるようです。

争っている当人たちは本気なんでしょうけれども、それを離れて高い立場から見ますと、みんなが争っているということだけが確かなのです。じゃ、これらの異なった説のうちで、どの説が真実なのでしょうか？


もしも論敵の教えを承認しない人が愚者であって、低級な者であり、智慧《ちえ》の劣った者であるならば、これらの人々はすべて〔各自の〕偏見を固執しているのであるから、かれらはすべて愚者であり、ごく智慧の劣った者であるということになる。

またもしも自分の見解によって清らかになり、自分の見解によって、真理に達し

た人、聡明な人となるのであるならば、かれらのうちには知性のない者はだれもいないことになる。……　〔八八〇～八八二〕

つまり、世の中の知識人、学者はみなそれぞれの偏見を固執しているわけですから、そうすると、かれらはすべて愚者であり、ごく智慧の劣ったものであるということになるわけですね。

諸々の愚者がお互いに他人に対して言うことばを聞いて、わたしは「これが真実である」とは説かない。かれらは各自の見解を真実であるとみなしたのだ。それ故にかれらは他人を「愚者」と決めつけるのである。ある人々が「真理である、真実である」と言うその〔見解〕をば、他の人々が「虚偽である、虚妄《きょもう》である」と言う。このようにかれらは異なった執見をいだいて論争をする。何故に諸々の〈道《みち》の人〉（哲人）は同一の事を語らないのであろうか？真理は一つであって、第二のものは存在しない。その〔真理〕を知った人は、争うことがない。かれらはめいめい異なった真理をほめたたえている。それ故に諸々の〈道の人〉は同一のことを語らないのである。

みずから真理に達した人であると自称して語る論者たちは、何故に種々異なった真理を説くのであろうか？　かれらは多くの種々異なった真理を〔他人から〕聞いたのであるか？　あるいはまたかれらは自分の思索に従っているのであろうか？

〔八八二〜八八五〕

おかしなことですね。

それでブッダは次のようにいうのです。


世の中には、多くの異なった真理が永久に存在しているのではない。ただ永久のものだと想像しているだけである。かれらは、諸々の偏見にもとづいて思索考究を行なって、「〔わが説は〕真理である」「〔他人の説は〕虚妄《きょもう》である」と二つのことを説いているのである。

偏見や伝承の学問や戒律や誓いや思想や、これらに依存して〔他の説を〕蔑視《べっし》し、〔自己の学説の〕断定的結論に立って喜びながら、「反対者は愚人である、無能な奴だ」という。

反対者を〈愚者〉であると見なすとともに、自己を〈真理に達した人〉であるという。

かれはみずから自分を〈真理に達した人〉であると称しながら、他人を蔑視し、そのように語る。

かれは過《あやま》った妄見《もうけん》を以てみたされ、驕慢《きょうまん》によって狂い、自分は完全なものであると思いなし、それで心のなかでは自分は賢者だと自認している。……

もしも、他人が自分を〔「愚劣だ」と〕呼ぶが故に、愚劣となるのであれば、その〔呼ぶ人〕自身は〔相手と〕ともに愚劣な者となる。また、もしも自分でヴェーダの達人・賢者と称し得るものがあるならば、諸々の〈道の人〉のうちに愚者は一人も存在しないことになる。

「この〔わが説〕以外の他の教えを宣説《せんせつ》する人々は、清浄《しょうじょう》に背《そむ》き、〈不完全な人〉である」と、一般の種々の異説の徒はこのようにさまざまに説く。けれども、かれらは自己の偏見に耽溺《たんでき》して汚《けが》れに染まっているからである。

ここ〔わが説〕にのみ清浄があると説き、他の諸々の教えには清浄がないと言う。

このように一般の諸々の異説の徒はさまざまに執著《しゅうじゃく》し、かの自分の道を堅くたもって論ずる。

自分の道を堅くたもって論じているが、ここに他の何ぴとを愚者であると見ることができようぞ。他〔の説〕を、「愚かである」、「不浄の教えである」と説くならば、かれはみずから確執《かくしつ》をもたらすであろう。

一方的に決定した立場に立ってみずから考え量りつつ、さらにかれは世の中で論争をなすに至る。一切の〔哲学的〕断定を捨てたならば、人は世の中で確執を起すことがない。

〔八八六〜八九四〕

『スッタニパータ』にはこのように説かれているのですが、聖典の散文の部分ではもう少し具体的に説かれていまして、たとえば、「宇宙が無限に広がっているか、あるいは有限なものであるか」、「永遠に宇宙は続くか、そうでないか」とか、あるいは「身体と霊魂は同一であるか、別のものであるか」とか、ちがった意見が当時行なわれていたのです。

こういうようなことがらについて、今日でさえも論議されていることでありますから、当時の人々が決定するだけの知識を持っていなかったのは当然です。そういうことを論議していっては、人間がいまここにいかに生きるべきであるかということについては解決をもたらしてくれない。

「毒矢のたとえ」というのが、仏典のなかに出ています(『マッジマ・ニカーヤ』(中部経典)第一巻)。道を歩いて行くと、人が毒矢に当たって苦しんでいる。「アッ、大変だ」と、そこで、その人に向かって「あなたに矢を射たのはどんな人間か、背は高かったか低かったか、男か女か、色は白かったか黒かったか、バラモンか奴隷か」とかいろいろなことを聞いたとする。なかなかわからないわけです。けれども、そんなことを論議しているあいだに、その人は毒が体に回って死んでしまう。それと同じように、解決のできないような哲学的議論に巻き込まれないで、ここに生きている人がいかに生きるべきであるか、その生きる道を明らかにするということをブッダは人々に教えたのです。

どの教えも人々をほんとうに目覚めさせるためのよすがとなるものですから、だから無数の、「八万四千の法門」といわれるようなたくさんの教えが説かれております。説き方は異なりますが、目ざすところは同じなのです。

では、そこを一貫する精神は何かということになりますと、これは人々に対するあたたかい気持ち、人々の身になって考えるというその気持ちです。これが世の中を明るく保ち、なだらかに進めていくことになる。

これを仏教では「慈悲《じひ》」と申します。「慈悲」の「慈」は「いつくしみ」ですが、もとのパーリ語ではメッター(mettā)と申しまして、ほんとうの友人関係、つまり、真実の友人のあいだで実現される純な真実の心がまえということです。それから「慈悲」の「悲」は「あわれむ」という意味です。「悲」という字は「かなしむ」とも読みますが、ともに悲しむのです。人が悲しんでいるときにこちらも悲しむ、心をひとつにすることです。「慈」も「悲」も本質的には同じものでありますから、そこでひとつの熟語として「慈悲」ということをいう。世にいう「愛」と多分に共通なものがありますが、簡単にいえば、「愛」の純粋なかたちのものということが言えましょう。

次に、その「慈悲」について、ふれましょう。

慈しみの心

『スッタニパータ』には、「慈《いつく》しみの経」と呼ばれて、いまも南方仏教でとくに重要視されているお経があります。南アジアの人々はこのお経をいつも唱えておりまして、現にスリランカでは毎朝、朝の五時三〇分から宗教放送があり、お勤めをともなうわけですが、そこでこの聖典をパーリ語で読んでおります。

これは全部で一〇の詩句からなっていて、短いお経ですから、全文をご紹介しましょう(「第一／蛇の章」八節、「慈しみ」)。

究極の理想に通じた人が、この平安の境地に達してなすべきことは、次のとおりである。能力あり、直《なお》く、正しく、ことばやさしく、柔和《にゅうわ》で、思い上がることのない者であらねばならぬ。
足《た》ることを知り、わずかの食物で暮らし、雑務少なく、生活もまた簡素であり、諸々の感官《かんかん》が静まり、聡明で高ぶることなく、諸々の〔ひとの〕家で貪ることがな

〔一四三〜一四四〕

い。

みずから「足ることを知り」というのです。わが国では昔から、「知足」「足るを知る」ということを申します。これは仏典にしばしば出てくる教えでございますが、もとは老子に出ているのです。「自勝者強、知足者富（みずからに勝つものは強し、足るを知るものは富めり）」。「富む」というのはうんとものを持っていることじゃない、足るを知ることが富んでいるのだというのですね。

また、西洋では、ことにストアの哲人が人生の理想として「足るを知る」「満足せよ」ということをよく説いております。

わが国では「知足石《ちそくせき》」という石があるのをご存知ですか。真ん中に「口」という字を書きまして、文字の一部を四方に配すると、「吾唯知足（吾唯《われただ》足るを知る）」となるのです。「口」という字が共通ですからそれでおさまるのですね。わたしは起源はよく存じませんが水戸光圀《みつくに》が考え出したといわれています。考えてみると、いまの社会生活でもこれはやはり大事なことじゃないでしょうか、あまりに貪ると、いろいろ摩擦を起こします。

それから「わずかの食物で暮らす」。今日はものが豊かになってきましたから、食べ物の心配はしないですむようになりましたが、控えめに食物をとるほうがどうも健康にはいいようです。まあ、若い人の場合はそうはいえませんでしょうが、ある年配以上の人にとっては、わずかの食物で暮らすということはやはり意味があると思います。

それから「雑務少なく」。このごろみたいに世の中忙しくなりますと、やはり雑務が少ないというのは願わしいことですね。生活も簡素であるということです。

そして「高ぶることなく、貪るな」というこの教え、これも多分に現代的な意味をもっていると思います。

他《た》の識者の非難を受けるような下劣な行ないを、決してしてはならない。一切の生きとし生けるものは、幸福《こうふく》であれ、安穏《あんのん》であれ、安楽であれ。いかなる生物生類《いきものしょうるい》であっても、怯《おび》えているものでも、強剛《きょうごう》なものでも、悉《ことごと》く、長いものでも、大きなものでも、中くらいのものでも、短いものでも、微細なものでも、粗大なものでも、目に見えるものでも、見えないものでも、遠くに住むものでも、近くに住むものでも、すでに生まれたものでも、これから生まれようと欲するものでも、一切の生きとし生けるものは、幸せであれ。

何びとも他人を欺《あざむ》いてはならない。たといどこにあっても他人を軽んじてはならない。悩まそうとして怒りの想いをいだいて、互いに他人に苦痛を与えることを望んではならない。

あたかも、母が己《おの》が独《ひと》り子《ご》を命を賭けても護《まも》るように、そのように一切の生きとし生けるものどもに対しても、無量《むりょう》の〔慈しみの〕こころを起こすべし。

〔一四五〜一四九〕

母の独り子に対する気持ち、それはほんとに純粋なものです。願わくばそこから発して、あらゆる人々に、あらゆる生きものに、そういう気持ちを及ぼしたいものだというのですね。

また、全世界に対して無量の慈しみの意《こころ》を起こすべし。

上に、下に、また横に、障害なく怨《うら》みなく敵意なき〔慈しみを行なうべし〕。
立ちつつも、歩みつつも、坐しつつも、臥《ふ》しつつも、眠らないでいる限りは、この〔慈しみの〕心づかいをしっかりとたもて。
この世ではこの状態を崇高な境地と呼ぶ。
諸々の邪《よこし》まな見解にとらわれず、戒《いまし》めを保ち、見るはたらきを具《そな》えて、諸々の欲望に関する貪りを除いた人は、決して再び母胎《ぼたい》に宿ることがないであろう。

〔一五〇〜一五三〕

ここまでが「慈しみの経」です。

「一切の生きとし生けるものは、幸せであれ」というこの理想は、同じ『スッタニパータ』のなかで、「宝《たから》」という名前で呼ばれる経典のなかに、繰り返し述べられております（「第二／小なる章」一節、「宝」）。

われら、ここに集まった諸々の生きものは、地上のものでも、空中のものでも、神々と人間とのつかえるこのように完成した〈目ざめた人〉〈ブッダ〉を礼拝《らいはい》しよう。

仏座像　マトゥラー出土，2世紀，マトゥラー博物館蔵．

幸せであれ。
われら、ここに集まった諸々の生きものは、地上のものでも、空中のものでも、神々と人間とのつかえるこのように完成した〈教え〉を礼拝しよう。幸せであれ。
われら、ここに集まった諸々の生きものは、地上のものでも、空中のものでも、神々と人間とのつかえるこのように完成した〈つどい〉を礼拝しよう。幸せであれ。

〔二三六～二三八〕

ここに「仏」「法」「僧」の三宝《さんぼう》を分けてそれぞれを礼拝し、そして人々、生きとし生けるものが幸せであれということを願っているのです。この「宝の経」というものもやはり、スリランカではいつも唱えられるものです。

われわれがつきあっている、目に見える人々の幸せを願う。のみならず、生きとし生けるものの幸せ、さらにわれわれの目に見えないところに存在する魂まで含めて、すべてのものの幸せを願う。これは、仏教以前のヴェーダの宗教でもかすかにあらわれ出た思想ですが、それが仏教でこのように大きくとりあげられて、高揚されました。

その精神がわたしどものあいだにも生きていて、お施餓鬼《せがき》の法要というもののそこからきています。餓鬼に施すというときの「鬼」とは、魂のことです。これは生きている人ばかりではなくて、亡くなった人の魂を考えていうのです。祖先の魂はお供え物を待ち受けている、そこで飢えていると考えて、それで「餓鬼」と訳しているわけです。それでお供えをするというその習俗も、ここに伝えられているその精神のあらわれなのです。

「やすらぎ」をもとめる人々に

さて、人々との対立を離れる。そうするとこちらの心も休まります。この心の休まった境地、静まった境地、悩みのない境地、それをインド一般のことばでは、モークシャ(mokṣa)＝「解脱《げだつ》」と申しますし、さらにとくによく知られているニルヴァーナ(nirvāṇa)＝「涅槃《ねはん》」ということばで表現することもあります。

この究極の目標としての境地、これが『スッタニパータ』のなかのあちこちで論議されております。ブッダが当時の道を求める人々の質問を受けて答えられるのですが、その答えはけっして一様ではありません。というのは、質問を向ける人々の気持ちなり、精神的素質、あるいは教養というものがいろいろちがいますから、それに応じて説かれるので、だから教えも数多いわけです。その若干をごいっしょに検討してまいりましょう。

まず、やはり修行者だった学生のヘーマカという人の質問です（「第五／彼岸に至る道の章」）。

ヘーマカさんがたずねた。

「かつてゴータマ（ブッダ）の教えよりも以前に、昔の人々が『以前にはこうだった』『未来にはこうなるであろう』とわたしに説き明かしたことは、すべて伝え聞くにすぎません。それはすべて思索の紛糾《ふんきゅう》を増すのみ。わたしはかれらの説を喜びませんでした。

聖者さま。あなたは、妄執《もうしゅう》を滅しつくす法をわたしにお説きください。それを知って、よく気をつけて行ない、世間の執著《しゅうじゃく》を乗り超えましょう。」

〔ブッダが答えた〕、「ヘーマカよ。この世において見たり聞いたり考えたり識別した快美な事物に対する欲望や貪《むさぼ》りを除き去ることが、不滅のニルヴァーナの境地である。

このことをよく知って、よく気をつけ、現世において全く煩《わずら》いを離れた人々は、常に安らぎに帰している。世間の執著を乗り超えているのである」と。

〔一〇八四〜一〇八七〕

われわれはとかく、外的なものに対する欲望とか貪りに支配されますから、それを超えるのが不滅の理想の境地であるというのです。

すると、さらに別の学生トーデイヤという人がたずねました。


トーデイヤさんがたずねた。

「諸々の欲望のとどまることなく、もはや妄執が存在せず、諸々の疑惑を超えた人、——かれはどのような解脱《げだつ》をもとめたらよろしいのですか?」

師(ブッダ)は答えた。

「トーデイヤよ。諸々の欲望のとどまることなく、もはや妄執が存在せず、諸々の疑惑を超えた人、――かれには別に解脱は存在しない。」

「かれは願いのない人なのでしょうか？　あるいは何かを希望しているのでしょうか？　かれは智慧があるのでしょうか？　あるいは智慧を得ようとはからいをする人なのでしょうか？　シャカ族の方《かた》よ。かれが聖者であることをわたしが知り得るように、そのことをわたしに説明してください。あまねく見るお方よ。」

〔師いわく〕、「かれは願いのない人である。かれはなにものをも希望していない。かれは智慧のある人であるが、しかし、智慧を得ようとはからいをする人ではない。トーデイヤよ。聖者はこのような人であると知れ。かれは何ものをも所有せず、欲望の生存《せいそん》に執著していない。」〔一〇八八～一〇九二〕

ブッダの答えは、そういう境地に達したならば、べつに解脱というものはないというのです。こういう人は何かを願い求めるのかという問いに対しては、「かれはもはやなにかを願い求めるということはない。かれはなにものをも所有せず、欲望の生存に執著していない」、この妄執がなくなったということが究極の境地ですが、いま生きているわれわれとしまして、欲望や執著がなくなることはできないことじゃないか、と思われます。当時の修行者は、すべて捨て去ってしまった、そういう境地に入ってしまうともうとらわれなくなる、と思っていたようです。

現代の生活について考えましても、ふた昔以上前のことになりますが、軍隊にとられるというとき、だれだってとられるのはいやだけれども、とられてしまうと「ああ、もうだめだ」と、こう覚悟をきめてしまう。そうすると、あんがい欲望は起こらないものです。あるいは、閉じ込められている人。閉じ込められているから、欲望がよけい多くなるかというと、けっしてそうじゃない。それと同じことで、みずから自己を律して、自己を支配している人は欲望を制して乗り越えている。ことに一つの仕事に熱中している人というものは、そこに制御がなされているわけですから、だから現代の人々から見ても、けっして理解できないことではないと思います。

また、ピンギヤという学生がこのように質問しました。

ピンギヤさんがたずねた。

「わたしは年をとったし、力もなく、容貌も衰えています。眼もはっきりしませんし、耳もよく聞こえません。わたしが迷ったままで途中で死ぬことがないようにしてください。――どうしたらこの世において生と老衰を捨て去ることができるか、そのことわりを説いてください。それをわたしは知りたいのです。」〔一一二〇〕

そうすると、ブッダの答えはこうです。

師(ブッダ)は答えた。
「ピンギヤよ。物質的な形態があるが故に、人々が害《そこな》われるのを見るし、物質的な形態があるが故に、怠る人々は〔病などに〕悩まされる。ピンギヤよ。それ故に、そなたは怠ることなく、物質的形態を捨てて、再び生存状態にもどらないようにせよ。」〔一一二一〕

まだ、これだけではピンギヤは理解できなかったのです。もっとはっきりと説いてください、と申します。そうすると、ブッダはこう答えます。

「ピンギヤよ、ひとびとは妄執に陥って苦悩を生じ、老いに襲われているのを、そなたは見ているのだから、それ故に、ピンギヤよ、そなたは怠ることなくはげみ、妄執を捨てて、再び迷いの生存にもどらないようにせよ。」〔一一二三〕

「妄執」と訳しましたが、これはもとのことばではタンハー(taṇhā)といいまして、人間の渇き、水が飲みたくてしようがない気持ち、それに例えられる衝動的なものが内にあるわけです。人間は喉が渇いてしようがないときはどんな汚い水でも飲んでしまいますね。それと同じように衝動的なものが内にある。それを「妄執」と呼んでいるのです。

それを知って乗り越える。つまり知ることが乗り越えることになる。形あるものとしての人間の肉体の老いること、死ぬこと、これは避けることができません。けれども、その理《ことわり》を知って、そして怠ることなくはげむ。妄執を捨てるということが生きる道であり、老いを克服する道である、そういうのです。

人生の幸福とは何か

では、具体的に人生の幸福はどういうところにあるか、これについてはやはり『スッタニパータ』のなかではいろいろと説いております。けっして体系的ではございませんが、その一つ一つの詩の文句がわれわれに大いに教えるところが多いのです。南アジアでは「大いなる幸せを説いた経」として、よく読誦《どくじゅ》される一節があり、一二篇の詩句からなっています(「第二／小なる章」四節、「こよなき幸せ」)。

「多くの神々と人間とは、幸福を望み、幸せを思っています。最上の幸福を説いてください。」

諸々の愚者に親しまないで、諸々の賢者に親しみ、尊敬すべき人々を尊敬すること、――これがこよなき幸せである。

適当な場所に住み、あらかじめ功徳《くどく》を積んでいて、みずからは正しい誓願《せいがん》を起こしていること、――これがこよなき幸せである。〔二五八～二六〇〕

「適当な場所に住み」といっても、今日、都市の喧噪《けんそう》のなかに住まねばならない人もいろいろあるでありましょう。しかし、工場でしじゅう機械の運転を耳にしているとか、あるいは鉄道のそばで列車の音を聞きつけている人は、自分の仕事に熱中していれば騒音がそれほど苦にならない。「正しい誓願を起こしている」、それによって克服することができるわけです。

深い学識あり、技術を身につけ、身をつつしむことをよく学び、ことばがみごとであること、――これがこよなき幸せである。

父母につかえること、妻子を愛し護《まも》ること、仕事に秩序あり混乱せぬこと、――これがこよなき幸せである。

施与《せよ》と、理法にかなった行ないと、親族を愛し護ることと、非難を受けない行為、――これがこよなき幸せである。

悪をやめ、悪を離れ、飲酒をつつしみ、徳行《とっこう》をゆるがせにしないこと、――これがこよなき幸せである。

〔二六一〜二六四〕

この「施与」は贈与といってもいいでしょう、人に何かを与えることです。「飲酒をつつしみ」とありますのは、ことにインドは暑い国なのでよけい体にひびくものですから、それでとくに教えております。

尊敬と謙遜と満足と感謝と〔適当な〕時に教えを聞くこと、――これがこよなき幸せである。〔二六五〕

わたしが「感謝」と訳しましたもとのことばはカタニュター(kataññutā)といいますが、漢訳では、しばしば「知《ち》恩《おん》」＝「恩を知る」と訳されております。これはお互いに精神的な喜びを与え合うものです。この感謝の気持ちというのはどこの国の人でも共通で、「ありがとうございます」を韓国の方はカムサハムニダといいますが、そのカムサというのは「感謝」の韓国音です。それからベトナムの方はカモンといいます。漢字を当てると、「感恩」＝「恩に感ずる」です。それをベトナムの発音でいうとカモンになるのです。

耐え忍ぶこと、ことばのやさしいこと、諸々の〈道の人〉に会うこと、適当な時に理法についての教えを聞くこと、——これがこよなき幸せである。〔二六六〕

自分をつねに反省していれば、何かの折には理法についての教えを聞くということにもなりましょう。今日のような時代ですと、静かに落ち着いて書物を読んでじっくりと考えてみる、ということも精神としては通ずるわけです。

修養と、清らかな行ないと、聖なる真理を見ること、安らぎを体得すること、——これがこよなき幸せである。〔二六七〕

「安らぎ」ということばはニルヴァーナを訳したのですが、ここに出ているような世俗の人でも、究極に達しうる境地はやはりニルヴァーナと呼んでおりました。

世俗のことがらに触れても、その人の心が動揺せず、憂いなく、汚《けが》れを離れ、安

穏であること、――これがこよなき幸せである。〔二六八〕

われわれは絶えず世俗のことがらに触れていますが、しかも汚されないということが大切なことです。

これらのことを行なうならば、いかなることに関しても敗《やぶ》れることがない。あらゆることについて幸福に達する。――これがかれらにとってこよなき幸せである。〔二六九〕

これらの詩は同じ文句で終わっております。どれも最後が「これがこよなき幸せである」という決まり文句です。同類型の詩の文句をここにまとめたのですが、ここに説かれていることは雑然としていて、体系化されておりません。

最初期の仏教徒は「幸福」(もとのことばではマンガラ maṅgala あるいはソーティ sotthi といいます)、それがどのようなものであろうかと、手探りで思案しながら、思いついたことをポツリポツリと述べている。とくに体系化したわけではありませんが、この真理によって「幸せであれ」という精神がここに具現されているのです。

第3回

悪魔の誘惑

——『サンユッタ・ニカーヤ』(1)

降魔成道　アジャンター第26窟，7世紀．

『サンユッタ・ニカーヤ』(*Saṃyutta-nikāya*)とは、「主題ごとに整理された教えの集成」の意味で、五集から成る。第一集は「詩句をともなった集」と名づけられ、『スッタニパータ』と並ぶ貴重な原始仏典。漢訳仏典の『雑阿含経《ぞうあごんきょう》』にほぼ対応する。

なお、第一集の邦訳は『神々との対話――サンユッタ・ニカーヤI』『悪魔との対話――サンユッタ・ニカーヤII』(ともに中村元訳・岩波文庫)に全文が収録されている。また、この邦訳は、ほとんどそのまま中村元監修・訳、前田專學編集『原始仏典II 相応部経典』第一巻(春秋社、二〇一一)に収録されている。

蛇の誘惑の物語

原始仏教聖典のうちでも、とくに重要なものである『サンユッタ・ニカーヤ』という書物のその第一篇には、多くの詩の文句が編み込まれていて、その成立は非常に古いし、また重要な意義をもっていると考えられています。今回はそのうちのいくつかを見ていきましょう。

『サンユッタ・ニカーヤ』のなかでは、悪魔がいろいろな形をしてブッダを誘惑したという話がいくつも伝えられています。従来の仏伝によると、ブッダは悪魔の誘惑を退けて、そこでさとりを開かれたということになっておりますが、しかし、この聖典についてみますと、ブッダがさとりを開かれたあとでも、まだ悪魔がいろいろな形をしてブッダを脅したり、あるいは誘惑したということになっております。

これはいまのわれわれが考えてみても、意義が非常に深い教えであると思います。つまり、人はひとつの心境に達して、しっかりした志《こころざし》を立てたとしても、現実の世界においてはいつも誘惑もあれば脅されることもある。そういう誘惑や脅迫に屈しないで進んで行くというところに本当の正しいさとりがあるのでして、実践的見地からは「さとりを開いた人が悪魔の誘惑、脅迫を受けながら、しかも退けた」という諸伝説は非常に深い意味をもっていると思います。

まず最初に、「蛇」という名のエピソード、つまり悪魔が蛇の形をしてブッダを誘惑しようとしたけれども、失敗したという伝説です（第Ⅳ篇「悪魔についての集成」第一章第六節、「蛇」）。

わたしはこのように聞いた。あるとき尊師は、王舎城《おうしゃじょう》の竹林園《ちくりんえん》のうちの栗鼠飼養《りすしよう》所《じょ》にとどまっておられた。〔六―一〕

「わたしはこのように聞いた」は、漢訳では「如是我聞《にょぜがもん》」。お経の最初に出てくる詞《ことば》書《がき》です。

「王舎城」とは、第一回で申しましたように、当時の最大の強国であり、また文明ももっとも進歩していたマガダ国の首都の呼び名です。周りは山に囲まれているわけですが、その北の口に昔は門があり、その門を出た西のほうに「竹林園」がありました。現在そこへまいりましても、まことに見事な竹林の園です。ただ、わが国とは風土がちがいますから、藪のような竹林ではなく、あまり下草はありません。あいだが透けて見えます。そこに昔、リスの飼養所があったというのです。

そこでブッダはお弟子たちとともにとどまりながら、じっと瞑想修養《めいそうしゅうよう》の生活を送っておられたのですが、そこに悪魔がやってきます。

そのとき尊師は、夜の暗闇の中、戸外で露地《ろじ》に坐しておられた。雨がしとしとと降っていた。

さて悪魔・悪《あ》しき者は、尊師に、髪の毛がよだつような恐怖を起こさせようとして、大きな蛇の王のすがたを現わし出して、尊師に近づいた。

かれの身体は、譬《たと》えば、大きな一本の木から割ってつくられた舟のようであった。かれの顎《あご》は、譬えば、酒造人の用いる箕《み》のようであった。かれの両眼は、譬えば、コーサラ国でつくられた銅の火鉢のごとくであった。かれが口から舌を出すのは、譬えば、雷鳴が轟《とどろ》くときに、電光の稲妻がほとばしり出るようなものであった。

かれの呼吸の音は、譬えば、鍛冶工《かじこう》がふいごを吹くときの轟く音のごとくであった。〔六一二～四〕

「悪魔」のことを、インドではマーラ(Māra)と申します。「殺すもの」という意味です。人を結局殺してしまうというのです。悪いことをしますから、それで「悪」を付けます。ちなみに、お隣の中国では、マーラ＝悪魔がはっきりした観念でとらえられていませんでした。そこでそれを写すために、「魔」という漢字をつくりだしたのです。マーラを写したのですから、「マ」という発音ならどの漢字でもいいはずですが、ご承知のように、上に「麻」という字を書きまして、なかへ「鬼」の字をはめ込みました。だから、それを見ていると、なんか「恐ろしいゾッとするもの」を感じさせるわけです。

その悪魔がお釈迦さまのそばに近寄ってきて、髪の毛がよだつような恐怖を起こさせようとした。インドでは、非常に喜んだときと、それから恐怖の念にかられたときに「身の毛がよだつ」ということを申します。この場合はもちろん恐怖を起こさせる方で、悪魔が大きな蛇の王さまのものすごい姿をして、近づいてきた。悪魔はいろいろな形をとるのですが、そうしてブッダを恐れさせようとしたとき、ブッダは詩のかたちをもって、自分の断固たる心境を語ります。

そこで尊師は、「これは悪魔・悪しき者である」と知って、悪魔・悪しき者に詩を以て語りかけた。──

「空屋《くうおく》に住みつき、自らを制しているかの聖者は、立派である。かれはそこで捨て去って行なえ。そのような人には、その生活はふさわしい。

さまよい歩く〔猛獣〕が多く、恐ろしいものが多く、また蚊や虻《ぶよ》や蛇が多いが、空屋にいる偉大な聖者は、そこで一本の毛髪さえも動かさない。

〔風が〕天を裂き、大地を震《ふる》わせ、一切の生きものが恐れおののくことがあろうとも、たとい胸に向って槍を投げつけるようなことがあっても、生存《せいそん》の素因《そいん》のうちにあるものの救護《きゅうご》を、諸々のブッダはなささない。」　〔六―五〕

「空屋に住みつき、自らを制しているかの聖者は、立派である」以下は、人のいない淋しいガラーンとした家のなかで、静かに自分を修養しているかの聖者は立派であり、断固たる決意を持って修養している人は、どんなに恐ろしいことがあってもたじろぐことはないというのです。

「生存の素因のうちにあるものの救護を、諸々のブッダはなさない」。この部分はちょっとわかりにくいかもしれません。ここで「生存の素因」というのは、仏教のことばでいう「五蘊《ごうん》」です。「五蘊」とは、色《しき》(物質と肉体)、受《じゅ》(感受作用)、想《そう》(表象作用)、行《ぎょう》(形成作用)、識《しき》(識別作用)の五つで、われわれの存在を構成している五つの要素です。これが迷いの生存の素因であり、輪廻《りんね》の原因なのです。一般の人々はこれらの迷いの生存の素因のうちにある。すなわちそれらの素因に束縛されているために、だれかが胸に向かって槍を投げつけるようなことをすれば、自分の「救護」をする。つまり、逃げ隠れて自分の身を守ろうとするのです。けれども、立派な修行者は、諸々のブッダは、もうそのような迷いの生存の素因を滅ぼしています。だから、だれかが胸に向かって槍を投げつけるようなことをしてさえも、自分の「救護」をしない、逃げ隠れて自分の身を守るということをしないのだ、というのです。

「諸々のブッダ」とここに出ておりますが、これはいわゆる「釈尊=仏さま」のことではありません。当時、仏教以外にもたくさんの宗教があり、どの宗教でも、その理想的な修行者のことをブッダと申しました。仏教もその呼び名をとり入れただけなのです。ところが、そのブッダという呼び名が後の仏教では特別の意味を持つようになり、後世には、ブッダというと釈尊＝「仏さま」をさして、仏教だけの専売特許のようになりました。いま読んでおりますのは、最初期の聖典の文句ですので、ここでは、釈尊に限らず、すべての理想的修行者の称として用いられています。

そこで悪魔・悪しき者は「尊師はわたしのことを知っておられる」「幸せな人はわたしのことを知っておられる」と考えて、その場で消え失せた。〔六・六〕

そうすると、悪魔・悪しき者は「ああ、お釈迦さんはわたしのことを見通していらっしゃる」。「幸せな人」というのは修養を積んで立派な境地に達せられますと、その境地は幸せであるからそのように呼んでいるのです。その幸せな人であるブッダは、わたしのことを知っておられると考えて、その場で消え失せたというのです。悪魔が蛇の形で脅してもブッダはびくともされなかった。

総じて南アジア全般を通じていえることですが、インドにはわりあいに蛇が多いのです。蛇というものが人間に近しいものですから、逆に、蛇の形をとってブッダを脅そうとしたけれども、ついに失敗した。これは象徴的に述べられておりますが、立派な覚悟を持っている人は、いかなる誘惑も揺るがすことができないということを述べているのです。

悪魔の娘たち

悪魔はさらに、別のかたちでブッダを誘惑したこともあります。娘たちの誘惑です（第Ⅳ篇「悪魔についての集成」第三章第五節、「娘たち」）。

さて、愛執《あいしゅう》と不快《ふかい》と快楽《かいらく》という悪魔の娘たちが、悪魔・悪しき者に近づいた。近づいてから、悪魔・悪しき者に詩を以て語りかけた。——

「お父さま！　なぜ、あなたは憂《うれ》えておられるのですか？

いかなる人のことを悲しんでおられるのですか？

わたしたちは、その人を愛欲の綱で縛って連れて来て、あなたの支配のもとに置きましょう。——森の象を縛って連れて来るように」と。〔五一二〕

原語では、「愛執」はタンハー(Taṇhā)、「不快」はアラティ(Arati)、「快楽」はラガー(Ragā)といいます。それぞれ人間の持っている、あるいは追求している若干の面を表現しておりますが、それを擬人視《ぎじんし》しまして「悪魔の娘」としてここには表現されております。タンハーは「妄執《もうしゅう》」とも訳されることを、すでに申しました(五五頁)。おもしろいことには、漢訳仏典ではこれを「魔女」と訳しております。西洋でも「魔女」ということを申しますが、仏教ではこういうかたちで出てくるのです。彼女たちは、「なぜ心配そうな顔をしておられるのですか？」と聞き、どのように立派な修行者でもわたしたちが誘惑して虜《とりこ》にしましょうというのです。そうすると——

〔悪魔いわく、——〕

「世に尊敬される人・幸せな人(ブッダ)を、愛欲で誘うのは容易ではない。かれは、悪魔の領域を脱している。だから、わたしは大いに憂えているのだ。」

悪魔は「わたしにはどうにもならない」というのですね。そこでこの悪魔の三人の娘、「愛執」と「不快」と「快楽」という娘たちはブッダに近づきます。〔五一二〕

そこで、愛執と不快と快楽という悪魔の娘たちは、尊師に近づいた。近づいてから、ブッダに次のように言った、――「修行者さま。われらは、あなたさまの御《み》足《あし》に仕えましょう」と。

ところが、無上の〈生存の素因の破壊〉のうちにあって解脱されているとおりに、尊師は気にもとめられなかった。〔五一三〕

「あなたに仕える」というのをもっとていねいに、「御足に仕える」という言い方をするのです。けれども、ブッダは迷いの生存のもとをすべて滅ぼしつくした方でありますから、もう気にもとめられなかった。

そこで、悪魔の三人の娘たちは、傍《かたわ》らに退いては熟考し、「人々の好むところはそれぞれ異なる」と考えて、「少女」「未《いま》だ子を生んだことのない女」「一たび子を生んだことのある女」「二たび子を生んだことのある女」「中年の女」「熟年の女」にすがたを変えては近づきます。でも、まったく気にもとめられない。そこで悪魔の娘たちは、「実にわれらの父の言われたことは真実である」と思い、それぞれがまた、尊師に近づいて、傍らに立ちます。

まず、傍らに立った悪魔の娘は「愛執」。これは人間がもっている渇きに例えられる妄執をいうのです。それが尊師に詩をもって話しかけました。

傍らに立った悪魔の娘・〈愛執〉は、尊師に詩を以て話しかけた。――

「あなたは悲しみに沈んで、森の中で瞑想しているのですか？　それとも、なくした財を取り戻そうとしているのですか？
あなたは村のなかで、なにか罪を犯したのですか？
何故に人々とつき合わないのですか？
あなたは、だれとも友にならないのですか？」と。

〔五―一五〕

インド人は詩をつくることが非常に巧みですから、その場で詩を言ったのかもしれません。あるいは、昔から伝えられていた詩をここに引いてきたのかもしれません。「なくした財を取り戻そうとしているのですか？」は、われわれは財布を落としたとか、なにか大事なものを無くしたり、忘れたりしますと、どうも心が乱されますね。「あなたもそうなのか？」と聞いているのです。

これに対してブッダは——

〔尊師いわく、——〕
「愛《いと》しく快いすがたの軍勢に打ち勝って、
目的の達成と心の安らぎ、楽しいさとりを、わたしは独りで思っているのです。
それ故にわたしは人々とつき合わないのです。
わたしはだれとも友にならない。」〔五一六〕

つまり、悪魔の誘惑、美女を向けてくるようなそういう誘惑に打ち勝って、さとりの境地は楽しい、そこへ行きたい。だから、「わたしは人々とつき合わない」「わたしは、だれとも友にならない」。独りで修行するのが当時の通例でした。ほんとうの修行者ですね。

そのとき悪魔の娘・〈不快〉は、尊師に詩を以て語りかけた。――

「修行僧はこの世で、どのように身を処すること多くして、五つの激流を渡り、ここに第六の激流をも渡ったのですか？　どのように多く瞑想するならば、外界《がいかい》の欲望の想いがその人をとりこにしないのですか？」と。〔五一七〕

「五つの激流」とは、われわれの五感です。「眼耳鼻舌身《げんにびぜっしん》」、眼と耳と鼻と舌と体の皮膚の感覚、これがわれわれを迷わし、さらっていくものです。だから「五つの激流」というのです。さらに「第六の激流」といっているのは、意《こころ》です。意のなかで、われわれはいろいろなことを思います。その思うことがまた、われわれを悩ましたり誘惑したりする。それを「第六の激流」というのですが、あなたはそれを渡り終わったのですか、と聞いているのです。

そうすると――

〔尊師いわく、――〕

「身は軽やかで、心がよく解脱し、迷いの生存をつくり出すことなく、しっかりと気を落ち着けていて、執著《しゅうじゃく》することなく、真理を熟知して、思考することなく瞑想し、怒りもせず、〔悪を〕憶《おも》い出すこともなく、ものういこともない。

このように身を処することの多い修行僧は、この世で五つの激流を渡り、ここに第六の激流までも渡った。

このように多く瞑想するならば、外界の欲望の想いがその人をとりこにすることがない。」〔五一八〕

そこで、つぎに悪魔の娘「快楽」がつぎの詩をとなえます。

次いで悪魔の娘・〈快楽〉は、尊師のもとで、この安らぎの詩をとなえた。――

「妄執を断って、仲間の群とともに歩む。

実に多くの人々は歩むであろう。

執著なきこの人は、多くの人々を、〔死王《しおう》の束縛から〕断ち、死王の彼岸《ひがん》に導くであろう。

偉大な英雄である諸々の如来《にょらい》は、正しき理法によって導きたもう。

理法によって導かれている智者《ちしゃ》たちが、どうして嫉《ねた》むであろうか。」〔五一九〜二〇〕

ブッダは、このようにしっかりとした覚悟をもっておられるので、三人の悪魔の娘たちは「もうだめだ」「もう誘惑はやめよう」といって、お父さんの悪魔の所へおもむきます。


そこで悪魔の娘たちである〈愛執〉と〈不快〉と〈快楽〉とは、悪魔・悪しき者のところにおもむいた。

悪魔・悪しき者は、悪魔の娘たちである〈愛執〉と〈不快〉と〈快楽〉とが遠くからやって来るのを見た。見てから、詩句を以て語りかけた。——

「愚かな者どもよ。そなたは蓮《はす》の茎《くき》で山を砕き、爪で岩山を掘ろうとしている。歯で鉄を嚙《か》み、大きな岩石に頭をぶちつけ、底のない淵《ふち》に足場を探そうとしている。胸に杭を打ちつけて、ゴータマを厭《いと》い嫌え。」

〈愛執〉と〈不快〉と〈快楽〉とは、光り輝いてやってきたが、風神が柔らかな毛と落葉とを吹き払うように、師はそこで彼女らを追い払われた。〔五・二～三〕

悪魔は娘たちがやってくるのを見て、その三人の魔女たちはもうだめだということを知ったのですね。

「愛執」と「不快」と「快楽」という三人の魔女たちは、最初はお釈迦さまの所へ光り輝いてやってきましたが、けっきょくこのように、風が柔らかな毛と落葉とを吹き払うように、お釈迦さまは悪魔の娘たちを追い払われたのです。

梵天の懇請

さて、こういう覚悟のもとに、ブッダは仏の境地を人々に知らせるように教化の活動を始められるのですが、いきなり教化活動に移られたのではありません。仏典のなかに、梵天《ぼんてん》という神様がブッダのところにあらわれて、「どうか世に教えを広めてください」とお願いしたという伝説が伝えられています(第Ⅵ篇「梵天に関する集成」第一章第一節、「懇請」)。

わたしはこのように聞いた。あるとき尊師は、ウルヴェーラーで、ネーランジャラー河の岸辺で、アジャパーラという名のバニヤンの樹の根もとで住しておられた。初めてさとりを開かれたばかりのときであった。〔一一〕

ウルヴェーラーは土地の名前で、今日のブッダガヤーあたりです。アジャパーラは木の名前です。インドでは大きな木に個別的な名前を付けることをよくやるのです。ちょうど日本でもどこでも、ペットの可愛い愛玩用動物にいろいろ名前を付けて呼ぶことがありましょう。それと同じように、木にも名前を付けるのです。「アジャパーラ」とは、「山羊を守る人」「山羊飼い」という意味ですが、そういう名前のバニヤンの大きな木の根もとに住しておられた。これはさとりを開かれたばかりのときだったというのです。

そのとき尊師は、ひとり隠れて、静かに瞑想に耽《ふけ》っておられたが、心のうちにこのような考えが起こった。——

「わたしのさとったこの真理は深遠で、見がたく、難解であり、しずまり、絶妙であり、思考の域を超え、微妙であり、賢者のみよく知るところである。ところがこの世の人々は執著《しゅうじゃく》のこだわりを楽しみ、執著のこだわりに耽り、執著のこだわりを嬉しがっている。……人々には、〈これを条件としてかれがあること〉、すなわち縁起《えんぎ》という道理は見がたい。また、すべての形成作用のしずまること、すべての執著を捨て去ること、妄執の消滅、貪欲を離れること、止滅《しめつ》、やすらぎ（ニルヴァーナ）というこの道理もまた見がたい。だから、わたしが理法（教え）を説いたとしても、もしも他の人々がわたしのいうことを理解してくれなければ、わたしには疲労が残るだけだ。わたしには憂慮があるだけだ」と。　〔一・二～三〕

「縁起」ということは、わが国でも「縁起がいい」とか「縁起が悪い」とかいろいろ申します。けれども、もとの意味は「これを条件としてかれがある」という、そういう因果《いんが》の連鎖《れんさ》のつながりをいうのです。つまり、いかなるものもピョンとあらわれ出たわけではない。必ずなにか条件があって、おのずからひとつの現象があらわれ出る。それが「縁起の道理」なのであります。

ところが、人々はそれを知らない。知ろうともしていない。みんなが心がけていないのだから、わたしが教えを説くということ、これはむだだ。わたしには疲労が残るだけだ。だから、わたしはじっとして物思いに耽っているのだ……。

つまり、ブッダはそのときには説法しようとは思われなかったのですね。

そのとき〈世界の主・梵天〉は世尊《せそん》の心の中の思いを心によって知って、次のように考えた、――「ああ、この世はほろびる。ああ、この世は消滅する。実に修行を完成した人・尊敬さるべき人・正しくさとった人の心が、何もしたくないという気持に傾いて、説法しようとは思われないのだ！」〔一・六〕

「梵天」はブッダが心のなかで思っておられることを見通したのです。「梵天」と申しますのはヒンドゥー教の世界創造の神ですが、仏教以前のウパニシャッド哲学では絶対のものをブラフマンと呼びました。それがブッダの時代になりますと、最高の神とみなされて人格視され、世界創造・支配さえも司る、そう思われました。その最高の神を「梵天」と呼んだのです。

その梵天が憂慮した。「ブッダに説法をお願いするよりしかたがない」、そう思いまして、梵天は梵天界から姿を消して、ブッダの前にあらわれました。

そのとき〈世界の主・梵天〉は上衣を一つの肩にかけて、右の膝を地に着け、尊師に向かって合掌《がっしょう》・敬礼《きょうらい》して、世尊にこのように言った、——

「尊い方！　尊師は教えをお説きください。幸ある人は教えをお説きください。この世には生まれつき汚《けが》れの少ない人々がおります。かれらは教えを聞かなければ退歩しますが、〔聞けば〕真理をさとる者となりましょう」と。　〔一―八〕

梵天はそう言って、つぎに詩の文句でこう言ったというのです。

「汚れある者の考えた不浄な教えがかつてマガダ国に出現しました。

願わくはこの甘露《かんろ》の門を開け。

無垢《むく》なる者のさとった法を聞け。

譬《たと》えば、山の頂《いただき》にある岩の上に立っている人があまねく四方の人々を見下ろすように、あらゆる方向を見る眼《まなこ》ある方は、真理の高閣《こうかく》に登って、〔自らは〕憂いを超えていながら〈生まれと老いとに襲われ、憂いに悩まされている人々〉を見そなわせたまえ。

〔起《た》て、健《たけ》き人よ、戦勝者よ、
隊商の主よ、負債なき人よ、世間を歩みたまえ。

世尊よ、法を説きたまえ。

〔真理を〕さとる者もいるでしょう。〕」　〔一－九〕

マガダという、いちばんさかんな土地にいろいろまちがった教えが説かれていた。それを除くために「願わくはこの甘露の門を開け」、これはまた「不死の門」と訳すこともできます。つまり、迷っている人を不死に導いていく、その門を開いてください。「無垢なる者のさとった法を聞け」、法を人々が聞くようにしてください。ちょうど山の頂にある岩の上にあなたは立っていらっしゃるけれども、しかし、世間の人々は悩んでいます。そういう人々を「見そなわせたまえ」。

そして、若干の写本には、「起て、健き人よ、戦勝者よ」以下の文句が続いているのです。「起て、健き人よ、戦勝者よ」、みんな修行に勝った人だから、戦勝者なのです。「隊商の主よ」、当時商業活動がだんだん盛んになってきましたから、だからブッダのことを「隊商の主」に譬えています。それから「負債なき人よ」、当時は貨幣経済が進展しまして、借金で悩まされる人も出ていたのです。つまり借金取りがやってきて「返せ返せ」といって悩ますようなこともない、心の休まった方という意味なのです。そして、どうか「世間を歩みたまえ」、教えを説いてください、そうすれば真理をさとるものもいるでしょうというのです。

そのとき尊師は梵天の懇請《こんせい》を知り、生きとし生ける者へのあわれみによって、さとった人の眼によって世の中を観察された。　〔一一〇〕

そうすると、世間にはいろいろの人がいるわけです。汚れの少ない者、汚れの多い者、精神的素質の優れている者、鈍い者、性質の善い者、性質の悪い者、教え易い者、教えにくい者、そういう人が来世《らいせ》のことだとか、あるいはこの世でつくった罪科《ざいか》への恐れを知って暮らしている。それはちょうど、池のなかでいろいろな色の蓮の花があらわれ出てくるようなものである。

あたかも、青蓮の池・赤蓮の池・白蓮の池において、あるものは水中に生じ、水中に成長し、水面に出ず、水中に沈んで繁茂するし、あるものは水面に達するし、またあるものは水面から上に出て、水によって汚されない。〔一一三〕

そういうことをじっとごらんになって、そのあとでブッダは、世界の主である梵天に詩の文句を以て呼びかけられました。

「耳ある者どもに甘露の門は開かれた。

〔おのが〕信仰を捨てよ。

梵天よ。人々を害するであろうかと思って、

わたしはいみじくも微妙な巧みな法を人々には説かなかったのだ。」〔一一三〕

「〔おのが〕信仰を捨てよ」。これは昔からのバラモン教とか、当時いろいろなおかしな実践をする宗教がありましたが、そのような偏った信仰を捨てよということです。そして、わたしがうっかり教えを説くと、人々がよく理解しないために人々を害《そこ》なうことがあるのじゃないかと思っていままで説かなかったのだ、だから、これからは説いてあげよう、と言います。

そこで、〈世界の主・梵天〉は、「わたしは世尊が教えを説かれるための機会をつくることができた」と考えて、尊師に敬礼して、右廻りして、その場で姿を消した。〔一一四〕

梵天は、ああ、これでお釈迦さまに教えを説いていただく機会ができたと大喜びし

て、姿を消したというのです。

在俗信者の物語

『サンユッタ・ニカーヤ』のなかから、ひとつ、興味深い物語をお伝えいたしましょう。在俗信者の物語です（第Ⅶ篇「バラモンに関する集成」第二章第四節、「大いに富める人」）。

因縁《ゆかり》の場所はサーヴァッティー市である。

そのときに、昔は大いに富んだあるバラモンが、みすぼらしい恰好《かっこう》で、粗衣《そい》をまとうて、尊師のもとにおもむいた。近づいてから、尊師に挨拶した。喜びのことば、追憶の挨拶を交わしてから、傍《かたわ》らに坐した。傍らに坐した、その大いに富めるバラモンに向かって、尊師は次のように言われた。――

「バラモンよ。あなたは、どうして、そんなみすぼらしい恰好で、粗衣をまとうているのですか？」

〔バラモンいわく、――〕「ゴータマさん！　わたしには四人の子息がいますが、かれらは妻たちと相謀《あいはか》って、わたしを家から追い出したのです。」　〔四一〜四〕

サーヴァッティー（シュラーヴァスティー）市とは、インドの北のほうにあった強国、コーサラ国の首都です。漢訳では「舎衛城《しゃえじょう》」といいます。

そこに、大いに富んでいたはずのバラモンが、みすぼらしい恰好をして粗衣をまとうて来たので、ブッダは驚いて、「まあ、あなたは昔、富裕でお金持ちだったのに、どうして」と聞いたわけです。バラモンの答えを聞いて、ブッダは、「まあ、そうなのか、それじゃ、昔から伝わっているつぎの詩の文句がある。それを公会堂で人々が大勢集まっているなかで、子どもたちに向かって唱えておやりなさい」といわれた。

その文句はこうなのです。

われはかれら（子ら）の生まれるのを喜び、またかれらの成長も願ったが、いまやかれらは妻らと謀って、われを豚のように追い出した。
よからぬしれ者！　かつてはわれを「父よ、父よ」と呼ばわったが、
実は子のかたちをした悪鬼だったのだ。
かれらは老いぼれたわたしを捨て去った。
老いぼれて役に立たぬ馬が食物を与えられないように、
この子らの父なる老人は、他人の家に食《しょく》を乞う。
不従順な子らをもつよりも、われには杖のほうがましだ。
猛《たけ》き牛をも追い払い、また猛き犬をも追い払ってくれる。
暗闇《くらやみ》ではわが前にあり、深い処《ところ》では足場を作ってくれる。
杖の力により、倒れてもまた起き上がる。〔四－五〕

「悪鬼」はもとのパーリ語ではラッカサ(rakkhasa)、サンスクリット語ではラークシャサ(rākṣasa)といいますが、漢訳の『雑阿含経《ぞうあごんきょう》』ではそれを音写して「羅刹《らせつ》」といっています。「食を乞う」の漢訳は「乞食」ですが、ここでは托鉢の意味ではなく、文字どおりの乞食です。托鉢する僧は堂々と食を乞うのですが、このご老人はそうじゃ

なく、食物にも困っているわけですね。

ともかく、この老いぼれたバラモンはこの詩の文句をお釈迦さまから教えられて、公会堂の人々が集まっているところへ行きました。当時のインドには公会堂がございまして、そこに人々が集まっているところを決めたのです。そこに子どもたちも来ていましたから、それを知らん顔して大事なことを唱えてやった。そうすると、子どもたちはたいへん恥ずかしく思った。そこで、子どもたちはこのバラモンを家に連れ戻し、水浴させ、それぞれの衣を出して着せた。そういう物語であります。

インドでは総じて、今日にいたるまで大家族主義です。子どもたちがたとえ結婚しても、親と離れて住むということは非常にまれなのですが、しかし、別居して親を捨て去ることも、やはりこういう古い時代から行なわれていた。ここに述べられている教えは、じつは、文明の爛熟《らんじゅく》した時代に住んでいるわたしたちにとっても、いろいろと教わるところの多い物語です。

第4回

生きる心がまえ

──『サンユッタ・ニカーヤ』(2)

現在の「祇園精舎」の園林

わかち与える功徳

『サンユッタ・ニカーヤ』のなかには、前回にみましたようなブッダの生涯に関することも出ていますけれども、また同時に、現実の世の中に生きていくために心すべき実践上の心がまえも、いろいろと説かれております。

そのうちの一つは、「もの惜しみ」という題の教えです。人はどうかすると、もの惜しみしがちなものであるけれども、むしろ、積極的に人々に何ものかを施し与えて奉仕せよ、という精神が述べられています(第I篇「神々についての集成」第四章第二節、「もの惜しみ」)。

あるとき尊師は、サーヴァッティー市のジェータ林《りん》・〈孤独なる人々に食《しょく》を給する長者〉の園《その》に住しておられた。

〔二一〕

サーヴァッティー(舎衛城《しゃえじょう》)とは、すでに申したように、コーサラ国の首都です。現在のマーヘートの遺跡がその宮殿址と考えられています。その郊外にジェータ林という林の園がありました。これは、漢訳仏典でしばしば「祇園《ぎおん》」と訳されています。わが国でも、京都に祇園というところがありますが、あれは「祇陀園《ぎだおん》」を省略したことばです。「祇陀」とは、もとジェータ(Jeta)で、その国の太子の名前です。その祇陀太子の園であったから、それで祇陀園となるわけなのです。

今日そちらへまいりましても、小高い丘の上に木が茂っている涼しの森で、ほんとうにいいところです。ジェータ太子が持っていたその園林を、当時そこに住んでいたスダッタ長者という、サーヴァッティー市第一の長者が買い取って、ブッダの教団に寄進したのですが、そのときにもいろいろおもしろい話があります。ジェータ太子はお金持ちのスダッタ長者にうんと高い値で売りつけようとした。それで、長者が「売ってください」と言っても、すぐには売らない。「この林のなかに黄金の金貨を敷き詰めるだけ持ってきたならば、譲ってやってもいい」と言うのです。そうしたら、スダッタ長者はほんとうに、牛車に金貨をいっぱい積んで持ってきて敷き詰めて、そのお金をジェータ太子に差し上げて、それを買い求めてブッダの教団に寄進したという、そういう伝説があります。

このサーヴァッティー市第一の長者は、孤独なる人々、身寄りのない人々、貧しい人々に食物を施し与えるということをするので有名でした。だから、〈孤独なる人々に食を給する長者〉という名前で呼ばれているのです。それを寄進されましたから、ブッダとそのお弟子たちはそこに住んでおりました。

そのときサトゥッラパ群神たちがやってきたというのです。サトゥッラパとは、「よき人々の教えを受けたので、教えを語って、天に生まれた者ども」という意味だという説があります。ちなみに、仏典のなかには多くの神々が登場いたしますが、仏教では世界を創造した神というものは認めません。けれど、人間より優れた神々、目には見えないけれども、不思議な力をもっている神々というもの、これは認めるのです。ヒンドゥー教の創造神梵天《ぼんてん》は、仏教では、これらの神々(仏教では「天」といいます)の長で、仏あるいは仏法を守護するものと考えられています。

そのとき多くのサトゥッラパ群神たちは、夜が更けてから、容色うるわしく、ジエータ林を遍《あまね》く照らして、尊師のもとにおもむいた。近づいてから、尊師に挨拶

して、傍らに立った。〔一一二〕

この「神々」というのは、語源的に申しますと「輝くもの」という意味ですから、だから林を遍く照らしたわけなのです。

そして、ある神さまはつぎの詩を唱えたのです。「ある神」として出ていますが、これは実際の人が神のように敬われていて、神として表現されているのかもしれません。

傍らに立ったある神は、尊師に向かって次の詩を唱えた。──

「もの惜しみと怠惰とのゆえに、このような施与《せよ》はなされない。功徳《くどく》を望んで期待し道理を識別する人によって、施与がなされるのである。」〔一一三〕

どうも人間というものはもの惜しみをする、それから怠けて、人さまをたすけるためになにかを差し上げるということはしない。けれども、ほんとうの意味の功徳をめざす人、それが道理を知っているがゆえに「施与」を行なう。

ここで「施与」という訳語を使いましたが、仏典ではしばしば「布施《ふせ》」ということばを使っています。今日「布施」と申しますと、お寺さんに差し上げるものをいうことが多くて、そのように限られていますが、もとは「布《し》き施《ほどこ》す」というのです。つまり、ものはただ手元に置いて死蔵していたのでは生きてきません。そのものを人さまに差し上げて生かして、その功徳を遍く及ぼす。だから、「布施」というのです。「功徳を布いて施す」という意味です。もとのことばではダーナといいます。ダーナというのは、「与える」という意味で、英語のドネート(donate)と語源的には同じです。

その音を写したかたちがわが国の国語にも入りまして、それがよく世間でいう「旦《だん》那《な》」なのです。つまり、あの「旦那」というのは、「与える」ということばからきている。だいたい、世間でも「旦那さん!」というときには、なにか喜んでものを施してくれるような人に向かって言うことが多いでしょう。それはそこからきているわけです。

そこで他の神が、尊師に対して次の詩を唱えた。——

「もの惜しみする人は、なにかのことを恐れて施与をしないのであるが、そのことこそ、施与をしない人にとって怖ろしいことなのである。もの惜しみする人が恐れるのは、飢えと渇きであるが、この世とかの世において、それが愚人に触れる。それ故にもの惜しみの心を抑えて、汚れに打ち克《か》って、施与をなせ。功徳は、来世における人々の足場となる」と。〔三―四〕

「もの惜しみする人は、なにかのことを恐れて施与をしないのであるが、そのことこそ、施与をしない人にとって怖ろしいことなのである」。なにか心にわだかまりがあって、心配事があるものだから、人にものをあげて活かすということをしない。けれど、そこになにか憂慮すべき点があるのじゃないか。

「もの惜しみする人が恐れるのは、飢えと渇きである」、人にものをあげてしまったあとで、自分が飢えてしまうんじゃないかと困る、そういう心配があるのですが、しかし、この世とかの世において、そういう気持ちが「愚かな人に触れる」、愚かな人に影響する、働く。「もの惜しみの心を抑えて、汚れに打ち克って」、汚れ、すなわち恐れを克服して、「施与をなせ。功徳は、来世における人々の足場となる」。つまり、現世は見えるだけの領域です。けれど、われわれはこの見える領域の現世を超えた、非常に広い見通しのなかにおかれているのです。功徳を積めば、おのずからその徳がわれわれの目に見えないところで生きてくる。そのことを言うのです。「徳孤《こ》ならず」ということを昔からいいますが、そのとおりです。

つぎに、他の神が、尊師に対して、次の詩を唱えた。——

「曠野《こうや》の旅の道づれのごとく、乏しき中よりわかち与える人々は、死せる者どものうちにあって滅びず。これは、永遠の法である。
ある人々は、乏しき中からわかち与え、ある人々は、豊かであっても与えない。乏しき中からわかち与えたならば、
〔その施与は〕千倍にも等しいと量《はか》られる。」〔一—五〕

人生というものを考えてみますと、ほんとに曠野の旅の道づれのごとくであります。

インドはわが国とはちがいまして、土地が荒れています。旅をしましても、美しい森などはわりあいに少ない。林はありますが、そのあいだが透けて見える。まことに荒れ果てた印象を与えるところが多いのです。もちろんアッサム地方、あるいは南インドのカルナータカ州などになると、雨量が多いから密林が繁っていますが、しかし、仏教が起こった当時の中インドは、どちらかというと、荒れていました。

だから、そういうなかを、独り、旅して行くというのはまことに淋しい。どうかしますと、旅人は泥棒に、あるいは強盗に襲われるなどということも、昔からよくありました。わたしもごく山奥を通って、ジャイナ教(マハーヴィーラを開祖とし、仏教とほぼ時を同じくして起こった宗教で、階級制度を否定し、特に不殺生の厳守を説いています)の霊《れい》場《じょう》へお参りしたことがありますが、そのとき目的地へ着いたら、人から「ああ、あなたはあの危ないところを通ってきたのか、あそこは盗賊の出る名所なんだよ」なんて言われたことがあります。そういうこともあるぐらいですから、旅というのは容易じゃない。ことに、インドないし南アジアは日本よりははるかに広いですから、そういう旅におきましては、道づれというものはまことにありがたく、人々が乏しき中からわかち与えるということがなによりもありがたいことなのです。

こういう人々の功徳というものは滅びることがない。有意義な価値のあるものでも、活かされなければそれは死んでしまうわけです。けれども、お互いに人々が助け合って進むならば、その功徳は滅びないということです。「これは、永遠の法である」というのですね。「永遠の法」というのは、ヒンドゥー教のほうでもいいますが、インド哲学では重要な観念です。つまり、人間の真理、理《ことわり》というものは限られたものであってはならない。人間がどこにいようとも、根本の精神はずっと続くものである。それを「永遠の法」であるというのです。

「ある人々は、乏しき中からわかち与え、ある人々は、豊かであっても与えない」、これなど、いまの日本についてもグサリと刺すようなことばじゃないですか。「乏しき中からわかち与えたならば、〔その施与は〕千倍にも等しいと量られる」。自分は貧しいから、人のためになにかあげたり奉仕するようなことはできない、という人がいるかもしれないけれども、そのなかから人になにかを差し上げ、あるいは人々を助けるというのならば、その功徳は千倍もあると考えられるというのです。

ついで、他の神は、尊師に対して、次の詩を唱えた。――

「わかち難きものをわかち与え、なし難きことをなす人々に、悪人はまねて行なうことができない。

善き人々の法は、従い行くこと難し。

それ故に、善人と悪人とは、死後には異なったところにおもむく。悪人は地獄におもむき、善人は天上に生まれる。」〔三―六〕

「わかち難きものをわかち与え、なし難きことをなす人々に、悪人はまねて行なうことができない」。どうも悪人というものは目が狭いのですね。目に見えない世界にまで眼を行き渡らせるということをしません。

そして、「善き人々の法は、従い行くこと難し」。善き人々のなす「きまり」「法」は、なかなか簡単にはついていけない。だからこそ、「善人と悪人とは、死後には異なったところにおもむく。悪人は地獄におもむき、善人は天上に生まれる」。

ついで、他の神は、尊師に向かって次のように言った。――

「尊師さま、みごとに唱えられたのは、だれの詩でしょうか？」

〔尊師いわく、――〕

「そなたらのどの詩も、すべて、順次にみごとに唱えられた。

しかし、わたしの詩にも耳を傾けよ。

落穂《おちぼ》を拾って修行している人でも、妻を養っている人でも、

乏しき中からわかち与える人は、法を実践することになるであろう。

千の供犠《くぎ》をなす人々の百千の供犠も、そのような行ないをなす人の〔功徳の〕百分の一にも値しない。」〔三―七〕

これらの詩のことばに対して、ブッダは「そなたらのどの詩も、すべて、順次にみごとに唱えられた」と言い、では、こんどはわたしが自分として気づいていることを言おうというわけです。

「落穂を拾って修行している人」、修行している人は経済活動からいっさい離れていますから収入はない。托鉢するか、あるいは落穂を拾う。これは田や畑の落穂を拾う意味かと思っていましたら、パーリ語で書かれた註釈文献を見ますと、そうじゃなくて、脱穀場などで落穂が落ちて残っていますが、そういうのを拾って暮らしている人

というのです。だから、非常にせつない人間的な匂いのする表現です。「妻を養っている人でも」、これは世俗の人たちです。どうあろうと、「乏しき中からわかち与える人」、これは人間の理、法を実践することになるというのです。

「千の供犠をなす人々の百千の供犠も」とありますが、これは当時、まだバラモン教のヴェーダ聖典にもとづいた祭祀の儀式が行なわれており、ことにお金持ちはなかなか豪気なことをやるのです。盛大に祭祀を行なう。けれども、そんな盛大なお祭りをするよりも、純な気持ちで他の人々のためにわかち与えることのほうが尊い、その「〔功徳の〕百分の一にも値しない」と言います。

そこで、他の神は尊師に対して次の詩を唱えた。――

「これらの供犠をなす人々の、大がかりな豊かな祭祀は、どうして、正しくなされた施与の百分の一にも値しないのですか？

千の供犠をなす人々の百千の供犠も、そのような施与をなす人々の〔功徳の〕百分の一にも値しないのは、なぜですか？」

〔三一八〕

「千の供儀」も、そのような施与をなす人々の功徳の百分の一にも値しないのは、なぜですか、というわけですね。そこでブッダはこう唱えます。

そこで尊師は、その神に向かって次の詩を唱えた。――

「ある人々は悪い行ないになずんで、ものを与える。――生きものを傷つけ、殺し、また苦しめ悩まして。

そのような贈与は、涙にくれ、暴力をともない、正しい施与には値しない。

同様に、千の供犠をなす人々の千の供犠も、そのような施与をなす人の〔功徳の〕百分の一にも値しない」と。　〔三一九〕

「生きものを傷つけ、殺し、また苦しめ悩まして」、そういうようなことをして、汚れた行ない、汚れた動機によって贈与を行なうとしても、それは、「涙にくれ、暴力をともない」というものだから、正しい施与だということはできない。だから、大がかりな供犠、祭祀を行なっても、それは大して功徳はないというのです。

というのは、バラモン教の祭りのときには、牛だの馬だの羊だの多くの獣を殺すのです。そして神々に捧げる。費用も非常にかかります。けれども、それは傷つけるという行為を含んでおりましょう。だから純粋なものじゃない。ほんとうの施し、奉仕というものは心が清らかでなければならないというのです。

これは大乗仏教になるととくに強調することですが、人になにかを与えるときには「三輪清浄《さんりんしょうじょう》」ということが必要であるとされます。つまり、施す主体と施される相手とそのあいだに渡されるもの、その三つが清らかでなければならない。「おれはあいつにこういうことをしてやったんだ」とか、そういう思いがあるときは、「おれ」と「あいつ」と「このこと」の、その三つが滞っているわけです。そうではなくて、そういうことはもう忘れた清らかな気持ちで、人々にものを与え、奉仕するということ、これがありがたいことだというのです。

無一物の境地

さて、現実の世の中においては、生きているかぎり、いろいろのことがらに出会い、いろいろの者に会います。それに対してどう対処したらいいかという一般的な原則が、

「存在しない」という教えに出ております(第I篇「神々についての集成」第四章第四節、「存在しない」)。

あるとき尊師は、サーヴァッティー市のジェータ林・〈孤独なる人々に食を給する長者〉の園に住しておられた。……

傍らに立ったある神は、尊師に向かって次の詩を唱えた。――

「人間のあいだにある諸々の欲望の対象で常住《じょうじゅう》なるものは存在しない。この世には諸々の美麗《びれい》なるものが存在し、人はそれに束縛されている。それらに耽《ふけ》って怠けている人は、死の領域から脱して〈もはや輪廻《りんね》の範囲に戻ってくることのない境地〉に来ることがない」と。

「罪は欲望から生じ、苦しみは欲望から生じる。欲望を制することによって、罪が制せられ、欲望を制することによって、苦しみが制せられる」と。

「世間における種々美麗なるものが欲望の対象なのではない。〔むしろ〕欲望は人間の思いと欲情である。世間において種々の美麗なるものは、そのままいつも存続している。しかし気をつけて思慮ある人々は、それらに対する欲望を制してみちびくのである。

怒りを捨てよ。慢心を除き去れ。

いかなる束縛をも超越せよ。

名称と形態とにこだわらず、無一物《むいちもつ》となった者は、苦悩に追われることがない。

思念を捨てた。空想に耽らなくなった。

この世で名称と形態とに対する妄執を断ったのだ。

束縛を断ち、苦しみもなく、願望もない人、――この人を神々も人間も、この世でもかの世でも、天上にも、いかなる住み処にも、さがし求めたが、跡を見出すことができなかった」と。

〔四―一・三〕

人間はいろいろ、「あれがほしいこれがほしい」と思いますが、永久に存在するものは無いわけです。「この世にはいろいろ美麗なものが存在し、人はそれに束縛されている」、それらに耽っている限り、「死の領域」のなかにあって、それを超えるということがないという意味なのです。

世間にはいろいろ美麗なものがありますが、それが欲望の対象なのではなく、むしろ欲望とは人間の内にある思いと欲情である。「思慮ある人々」は「欲望を制してみちびくのである」、この「思慮ある人々」はもとのパーリ語の原文ではドゥヒーラ(dhīra)ということばです。これはいまのインドでは、「自動車を気をつけて運転せよ」というようなときの「気をつける」というのに、ドゥヒーラを使っております。自動車を気をつけて運転しなければならないように、実際社会に対処していくにはつねに気をつけている必要がある、というのです。

「怒りを捨てよ。慢心を除き去れ」、人間はとかくこういうことに陥りやすいから、注意せよという。「無一物となった者は、苦悩に追われることがない」、つまりなにものにもとらわれることがないという境地を、「無一物」と呼んでいるのです。

「束縛を断ち、苦しみもなく、願望もない人」、その境地は非常に優れていて清らかなものです。形で表現できない。だからその「跡を見出すことができなかった」といっているのです。

初期の仏教では、仏像をつくることをいたしませんでした。その理由はよくわからないのですが、おそらく、非常に優れた人の姿というものは形ではあらわされないという、ここに表明されているような思想が支配していたのだと思います。こういう人々が敬礼さるべく、尊敬さるべきであると、最後のところに出ています。


尊者モーガラージャは次のように問うた。——

「もしも神々も人間も、この世でもかの世でもそのように解脱した人を見ることができなかったのであるならば、人々のためになることを行なう最上の人を敬礼する人々は、称讃さるべきでありましょうか？」と。

尊師は答えた、——

「モーガラージャよ、ビクよ。

そのように解脱した人に敬礼する人々も、また称讃さるべきである。

かれらもまた理法を理解し、疑惑を捨て、束縛を超えた者となったからである。

修行僧たちよ」と。〔四―四〜五〕

他人を害なってはならない

人間はどうかすると、悪徳に惹かれてしまう恐れがありますが、その根本はなにかという点をついた対話が出ています。「マッリカー」という有名な物語です（第Ⅲ篇「コーサラ」第一章第八節、「マッリカー」）。

〔あるとき尊師は、〕サーヴァッティー市のジェータ林・〈孤独なる人々に食を給する長者〉の園に住しておられた。

そのときコーサラ国王のパセーナディは、王妃マッリカー夫人とともに、みごとな宮殿の上にいた。〔八一〜二〕

「宮殿の中」といわないで「宮殿の上」というのはなぜか、といいますと、インドでは屋根が平らになっており、そこにのぼって涼をとり、月を眺め、楽しい会話をするというのが上流階級の習わしだったからです。これは、今日にまで続いております。インドの多くの地域では、雨が大して降りません。少なくとも雨期以外には降りませんから、屋根の上で涼をとるというのが最高の楽しみなのです。むろん、雨量の多い地方ではそういうつくりにはできないので、中国や日本のように尖った屋根になっております。しかし、ガンジス河の流域などでは、大きなお屋敷の屋根は平らになっております。現にわたしもお屋敷の屋根の上で寝た経験があります。なかなか気持ちがいいですよ。

そこでコーサラ国王パセーナディは、マッリカー妃に言った、——

「そなたには、自分よりももっと愛《いと》しい人が、だれかいるかね」と。〔八-三〕

王さまはお后《きさき》にそういう質問を向けて、おそらく、お后から甘い答えが返ってくると思っていたのでしょうね。ところが、お后の答えというのは、まことに冷たいものでした。

「大王さま。わたくしには、自分よりももっと愛しい人はおりません。あなたにとっても、ご自分よりももっと愛しい人がおられますか？」〔八-四〕

そうすると、王さまは答えざるをえなかったのです。

「マッリカーよ。わたしにとっても、自分よりもさらに愛しい他の人は存在しない。」〔八-五〕

ハッと、こう気がついたのです。そう言われてみると、だれだって、生きているかぎりは、まず自分のことを本能的に考える。これは避けがたいことです。生きているということと裏腹になっている。それをこの二人の対話は衝いているのです。自分がいちばん可愛いのだと気づかされて、「アレッ、これどういうことかな？」と思い、あらためて反省を促されたのですね。

そこでコーサラ国王パセーナディは、宮殿から下りて、尊師のおられるところへおもむいた。近づいてから、尊師に挨拶して、傍らに坐した。傍らに坐したコーサラ国王パセーナディは、尊師に向かって次のように言った。――
「尊いお方さま、ここでわたしは、マッリカー妃とともに、みごとな宮殿の上にいてマッリカー妃にこのように言いました。――『そなたは、自分よりももっと愛しい人が、だれかいるかね？』と。そのように言われて、マッリカー妃は、わたしにこのように申しました。『大王さま。わたしには、自分よりももっと愛しい人はおりません。あなたにとっても、ご自分よりももっと愛しい人がおられますか？』と。このように言われたので、わたしはマッリカー妃に申しました。――『マッリカーよ。わたしにとっても、自分よりもさらに愛しい他の人は存在しない』と。〔八―六～七〕

コーサラ国王のパセーナディは、お釈迦さまのおられるところへ行き、挨拶をしてから、傍らに坐ったのですね。国王でさえも、宗教者であるブッダに対して非常な尊敬を払っていますから、真正面に坐らないで、傍らに坐したわけです。

そこで尊師はこのことを知って、そのとき、この詩を唱えられた。――
「どの方向に心でさがし求めてみても、自分よりもさらに愛しいものをどこにも見出さなかった。そのように、他の人々にとっても、それぞれの自己が愛しいのである。それ故に、自己を愛する人は、他人を害してはならない」と。〔八―八〕

「他人を害してはならない」、これは大切なことです。自己中心で反省のない人は、じゃ、人はどうなのだろうという、人の立場になって考えるということをいたしません。けれども、よく反省してみますと、自分が「アッ、嫌だな」と思ったら、他の人もやっぱり嫌だなと思うにちがいない。自分がほしいなと思うのは、他の人だってほしいにちがいない。そうすると、相手の立場に立って考えるということ、これが世の中でいちばん大事なことだ、とわかってまいります。そこから愛とか慈悲とか呼ばれるものが出てくるわけです。

考えてみますと、自分というものはいろいろな力が人から及んできた、それのひとつの結び目、結節のようなものです。他人から離れた自分というもの、これはありえないのです。多くの人の力がわれわれに影響を及ぼして、そしてその力、そのおかげによって個々の人が育ってきたわけです。

だから、個人というものは他人から切り離しては考えられない。いちおう個が個として成立するために、因縁《いんねん》の結び目のようなもの、これはなければならないわけですが、それは他から離れたものではない。だから他人の立場になってものを考えて行動するということ、これが世の中が円満に進んでいくための実践上の原理です。

これはなにも、いまから二五〇〇年前の昔だけのことではありません。じつは今日のような世の中になってみますと、人々、各個人の生存というものが緊密に結び合っておりますから、だからこそ、他人の立場を考えねばいけないということになるのです。その点では非常に貴重な教えだと思います。

真心のことば

人とつき合っていくためには、かならずことばを媒介とします。お互いに話して、ことばを交わすことによって、気持ちも通じ、相互の理解がなされる。ことばに出さなくても、なにかの記号を手がかりとして、人々の交渉が成立するわけです。

そのいろいろの記号のなかでもいちばん重要な、ことばについて、教えが述べられていますので、その一つをご紹介いたしましょう（第Ⅷ篇「ヴァンギーサ長老についての集成」第五節、「みごとに説かれたこと」）。

〔あるとき尊師は〕サーヴァッティー市のジェータ林・〔<孤独なる人々に食を給す

る人〉の園に住しておられた。〕

そこで尊師は修行僧たちに呼びかけられた、――「修行僧たちよ」と。

修行僧たちは尊師に向って、「尊いお方さま！」と答えた。

尊師は次のように言われた、――

「修行僧たちよ。四つの特徴を具えたことばは、みごとに説かれたのである。悪《あ》しく説かれたのではない。諸々の智者《ちしゃ》が見ても欠点なく、非難されないものである。その四つとは何であるか？

ここで修行僧が、〔1〕みごとに説かれたことばのみを語り、悪しく説かれたことばを語らず、〔2〕理法のみを語って、理にかなわぬことを語らず、〔3〕好ましいことのみを語って、好ましからぬことを語らず、〔4〕真実のみを語って、虚妄《きょもう》を語らないならば、この四つの特徴を具えていることばは、みごとに説かれたのであって、悪しく説かれたのではない。諸々の智者が見ても欠点なく、非難されないものである。」　〔五一～五〕

サーヴァッティー市のジェータ林とは、すでに説明した「祇園」です。お釈迦さまは一生遍歴《へんれき》の生活で、あちこちへめぐっていろいろのところに滞在されましたが、このサーヴァッティーのジェータ林にとどまられた期間がいちばん長かった、と記されております。

ブッダの教えとは、まず、第一に「みごとに説かれたことばのみを語り、悪しく説かれたことばを語らず」。ことばはやはり、下品な人に悪い気持ちを起こさせるようなものであってはならない。みごとなことばであるということが尊ばれています。それは必ずしも立板に水を流すような能弁という意味ではありません。立派なことばという意味です。

第二に「理法のみを語って、理にかなわぬことを語らず」。つまり、人間が生きていくためには道理があります。道理にしたがったことだけを語る、むちゃなことは言わない。

第三に「好ましいことのみを語って、好ましからぬことを語らず」。好ましい、愛情のこもったことばを、仏典ではしばしば「愛語《あいご》」と申します。愛のことばです。道《どう》元禅師《げんぜんじ》も説いておられますが、この愛語というものは人々のあいだでは非常に大事なものである。自分に対して愛情のこもったことばを面と向かって聞くのは、これはありがたくうれしいことです。おもてを喜ばしめる。また、自分がいないところで人伝《ひとづ》てに自分に対して愛情を持っておられるということを聞くと、非常に深い感銘を受けますね。だから、愛語ということは大切なことです。

第四に「真実のみを語って、虚妄を語らない」。嘘を言ってはいけない。この「真実」というのはどういうことか、ということがさらに問題になるのですが、真心がこもっていることば、これが大事だというのです。かならずしも事実を事実のまま伝える、という意味ではありません。事実を事実のまま伝えて、かえって相手の人の気持ちを害《そこ》なうような場合には、立派な人は語らない、ということが原始仏典のなかにも説かれております。

あるいは人を励ますために、たとえば、子どもがピアノを弾くのに、下手でも「ああ、お嬢ちゃん、お上手ね」といって励ましてやる。それも真心のこもったことばです。しょせん、真心という点から判断されるべきでしょう。同じようなことがつぎにくり返されております。

尊き師はこのことを告げた。このことを説いたあとでまた、〈幸せな人〉である師は、次いで次のように説いた。――

「立派な人々は説いた――〔1〕最上の善いことばを語れ。〔これが第一である。〕〔2〕正しい理《ことわり》を語れ、道理に反することを語るな。これが第二である。〔3〕好ましいことばを語れ。好ましからぬことばを語るな。これが第三である。〔4〕真実を語れ。偽りを語るな。これが第四である。」〔五一六〕

これを受けて、弁舌巧みであったということで知られていたヴァンギーサ長老が起ち上がって、次のように師に告げます。ブッダはそこで、ほんとうのよいことばとはどういうことかということを教えられております。

そのときヴァンギーサさんは座から起ち上がって、衣を一つの肩にかけ（右肩をあらわして）、師のおられるほうに合掌して、師に告げて言った、――

「ふと思い出すことがあります！　尊師さま。ふと思い出すことがあります。幸せな方よ。」

「それを思い出せ、ヴァンギーサよ」と、師は言われた。

そこでヴァンギーサさんは師の面前で、ふさわしい詩を以て師をほめたたえた。——

「自分を苦しめず、また他人を害なわないようなことばのみを語れ。これこそ実に善く説かれたことばなのである。

こころよいことばのみを語れ。そのことばは、人々に歓び迎えられることばである。他人に禍《わざわ》いをもたらすことなしに語ることばは、こころよい。

真実は実に不死のことばである。これは永遠の理法である。道義も教えも真実の上に確立している、と立派な人々は語る。

安らぎに達するために、苦しみを終滅させるために、仏の説きたもう安らかなことばは、実に諸々のことばのうちで最上のものである。」〔五一七〜九〕

ブッダという歴史的人物は、まさにこのとおりのことばの教えを実践された方でした。

第5回

ブッダ最後の旅

――『大パリニッバーナ経』

涅槃　ガンダーラ，ローリアンタンガイ出土，2世紀頃，カルカッタ・インド博物館蔵.

原始仏典のなかには、ブッダの生涯はほとんど記されていないが、ブッダの死とその前後の事件は『大パリニッバーナ経』(『マハーパリニッバーナ・スッタンタ』(*Mahāparinibbāna-suttanta*))のなかに、詠嘆をこめて語られている。これに相当する漢訳経典はいくつかあるが、このパーリ語経典は漢訳されたことはなかったらしい。おそらく、サンスクリット文から訳したのであろう。諸漢訳のうちでは、『長阿含経《じょうあごんきょう》』に含まれる『遊行経《ゆぎょうぎょう》』がこれにもっとも近い。

『ブッダ最後の旅——大パリニッバーナ経』(中村元訳・岩波文庫)に全文が収録されている。この邦訳はほとんどそのまま中村元監修、森祖道・浪花宣明編集『原始仏典Ⅱ 長部経典』第二巻(春秋社、二〇〇三)に収録されている。

マガダ国王の問いに答える

仏教の開祖でありますゴータマ・ブッダの死は、後代の仏教徒にとっては大きな意義をもった事件でありました。それを述べている代表的な経典が『大パリニッバーナ経』と呼ばれるものです。パーリ語の題名は「マハーパリニッバーナ・スッタンタ」といい、マハーというのは「大きい」という意味で、パリニッバーナはこの場合、「亡くなること」という意味、そしてスッタンタとは「大きな経典」をいいます。これが、ブッダの最後の旅路を記述しているのです。

この経典の物語は、マガダ国の王であるアジャータサットゥがヴァッジ族を攻め滅ぼそうとしたことが発端になります。王の命令を受けた大臣が、ブッダに「どうしたものでしょう？」といって伺いを立てるというところから始まります(第一章)。

わたしはこのように聞いた。

あるとき尊師は王舎城《おうしゃじょう》の〈鷲《わし》の峰《みね》〉におられた。

そのときマガダ国王アジャータサットゥ、すなわちヴィデーハ国王の女《むすめ》の子は、ヴァッジ族を征服しようと欲していた。かれはこのように告げた。

「このヴァッジ族は、このように大いに繁栄し、このように大いに勢力があるけれども、わたしは、かれらを征服しよう。ヴァッジ族を根絶しよう。ヴァッジ族を滅ぼそう。ヴァッジ族を無理にでも破滅に陥《おとしい》れよう」と。

そこでマガダ国王アジャータサットゥ、すなわちヴィデーハ国王の女の子は、マガダの大臣であるヴァッサカーラというバラモンに告げていった。〔一・一〜二〕

マガダ国は、すでに申しましたように、当時、インド最大の強国です。アジャータサットゥとは、漢訳で「阿闍世《あじゃせ》」と書かれますが、もとは「敵の生じていない人」「敵として比肩しうる人のいないほどの武勇の士」という意味です。マガダ国のこの国王の場合は、これは個人名ではなくて、かれの称号だったようです。この「ヴァッジ族」というのは、当時の商業民族として、非常に豊かで、栄えていた種族で、ヴェーサーリー（ヴァイシャーリー）という北のほうの大都市に住んで支配していました。それを滅ぼそうというのです。
アジャータサットゥは、その大臣にヴァッサカーラというバラモンを使っていました。バラモンは祭りを司る司祭僧ですが、ときには王室の顧問として、さらに大臣の仕事をする人もおりました。その人に向かって告げていったのです。

「さあ、バラモンよ、尊師のいますところへ行け。そこへ行って、尊師の両足に頭をつけて礼拝《らいはい》せよ。そうしてわがことばとして、尊師が健勝であられ、障《さわ》りなく、軽快で気力あり、ご機嫌がよいかどうかを問え。そうして、このように言え、――尊い方よ、マガダ国王アジャータサットゥはヴァッジ族を征服しようとしています。かれはこのように申しました。――〈このヴァッジ族はこのように繁栄し、このように勢力があるけれども、わたしは、かれらを征服しよう。ヴァッジ族を根絶しよう。ヴァッジ族を滅ぼそう。ヴァッジ族を無理にでも破滅に陥れよう〉――と。そうして尊師が断定せられたとおりに、それをよくおぼえて、わたしに告げよ。けだし完全な人（如来《にょらい》）は虚言を語られないからである」と。（一・二）

つまり、尊師＝ブッダのいるところへ行って、御足に頭をつけるようにして拝み、御機嫌伺いをして、言われたことをよく覚えておいて、帰ってきてから報告しろというのです。同じような種類のことばが並んでおりますが、インドの古典にはよく、こういう同種類のことばを並べることが行なわれます。

「完全な人(如来)は虚言を語られないからである」とありますが、「如来」ということばは必ずしも仏教ばかりではなくて、ジャイナ教とか、その他当時の一般宗教で、「完全な人」「修行を完成した人」のことを言っていました。ともかく、そういう人は嘘を言わない。だからそのお告げを伺ってこい、お託宣《たくせん》をいただいてこい、というわけなのです。そうすると、大臣のヴァッサカーラは――

「かしこまりました」とヴァッサカーラは王に返事して、華麗な多くの乗物を装備して、みずからも華麗な乗物に乗って、それらをつれて王舎城から出て、〈鷲の峰〉という山におもむいた。〔一・三〕

「王舎城」は前に述べましたように、マガダ国の都の名前です。〈鷲の峰〉というのは、王舎城の東北方にある、険しいひとつの峰ですが、それを漢訳の仏典では「霊《りょう》鷲山《じゅせん》」と呼びます。略して「霊山《りょうぜん》」ともいいます。わが国にも霊山と呼ばれる地名がございましょう。

なぜそこが〈鷲の峰〉と呼ばれたかというと、そこに鷲が棲みついていたからだといわれております。それで、ヴァルチャーズ・ピーク(vulture's peak)なんて英語で翻訳しておりますが、あるアメリカ人の学者に言わせますと、ヴァルチャー(はげわし)はそんな高いところまで飛んで棲みつくことはできない、イーグル(わし)にちがいない。だからイーグルズ・ピーク(eagle's peak)と言わなければいけない、そう言った人もいます。

その山に登ってみますと、上のほうは平らかな石盤がいくつも重なっていて、横から見ると、まるで鷲の翼みたいに見えるのです。山が鷲に似ているからというので〈鷲の峰〉というのだという、そういう説明もあります。

とにかく、ヴァッサカーラはそこにおもむいた。

乗物に乗って行き得る地点までは乗物で行き、そこで乗物から下りて、徒歩で尊師の在《いま》すところに近づいた。近づいてから尊師に挨拶のことば、喜びのことばを取り交わして、一方に坐した。〔一―三〕

今日でも、王舎城の遺跡はだいたい平地です。ところが、〈鷲の峰〉の近くになると、急に険しくなります。だから、麓《ふもと》までは車で行けるのですが、それから先は今日でも歩かなければなりません。昔と事情はちっとも変わっていないのです。ブッダはその〈鷲の峰〉の頂上におられた。そこで説法された。『法華経』を説かれたのもその場所である、と伝えられています(『法華経』では「耆闍崛山《ぎしゃくっせん》」〔グリドゥフラクータの訳〕と表記)。

さて、マガダ国の大臣・バラモンであるヴァッサカーラは、一方に坐して、尊師に次のように言った。――

「きみ、ゴータマよ。マガダ国王アジャータサットゥ、すなわちヴィデーハ国王の女の子は、きみゴータマの両足に頭を垂れて礼拝し、〔あなたが〕健勝であられ、障りなく、軽快であられるかどうか、気力あられ、ご機嫌がよいかどうかをおたずねします。マガダ国王アジャータサットゥ、すなわちヴィデーハ国王の女の子は、ヴァッジ族を征服しようとしています。かれはこのように申しました。――〈このヴァッジ族はこのように繁栄し、このように勢力があるけれども、わたしは、かれらを征服しよう。ヴァッジ族を根絶しよう。ヴァッジ族を滅ぼそう。ヴァッジ族を無理にでも破滅に陥れよう〉」と。〔一－三〕

そうすると、ブッダは、アジャータサットゥの考えていることがいいとか、まちがっているとか言われないで、いきなり、もっと原則的なことについて教えを述べられます。そしてそれは、大臣に直接言うのではなく、ブッダのそばについていたアーナンダという若いお坊さんに対して言われ、それを大臣は横で聞いていたのです。アーナンダという人はブッダの従弟で、ブッダの晩年まで二五年間、つねにブッダに仕えて秘書のような役をつとめた弟子です。漢訳では「阿難《あなん》」「阿難陀《あなんだ》」と書かれる、いわゆる「十大弟子」の一人でした。

そのとき若き人アーナンダは尊師の背後にいて、尊師を煽《あお》いでいた。そのとき尊師は若き人アーナンダにたずねた。

「アーナンダよ。〔1〕ヴァッジ人は、しばしば会議を開き、会議には多くの人々が参集する、ということをお前は聞いたか？」

「尊い方よ。〔1〕ヴァッジ人は、しばしば会議を開き、会議には多くの人々が参集する、ということをわたしは聞きました。」

「それでは、アーナンダよ。ヴァッジ人が、しばしば会議を開き、会議には多くの人々が参集する間は、ヴァッジ人には繁栄が期待され、衰亡は無いであろう。」

〔一-四〕

この「ヴァッジ人」と呼ばれる人々は、都市国家を成立させ、共和国を形成していたのです。そして万事を会議によって決めた。その会議に加わる人、加わる資格のある人はおそらく貴族であったろうと思われますが、とにかく会議を開いて万事を決定しておりました。だから彼らがしばしば会議を開き、大勢の人が集まってくるあいだはヴァッジ人は繁栄するはずだというのです。

「アーナンダよ。〔2〕ヴァッジ人は、協同して集合し、協同して行動し、協同してヴァッジ族として為すべきことを為す、ということをお前は聞いたか？」

「尊い方よ。〔2〕ヴァッジ人は、協同して集合し、協同して行動し、協同してヴァッジ族として為すべきことを為す、ということをわたしは聞きました。」

「それでは、アーナンダよ。ヴァッジ人が、協同して集合し、協同して行動し、協同してヴァッジ族として為すべきことを為す間は、ヴァッジ人には繁栄が期待され、衰亡は無いであろう。」〔一-四〕

仏教の実践倫理では、和の精神を尊びます。わが国でも、聖徳太子の「十七条憲法」で強調されていることですが、「和を以て貴《とうと》しと為す」。そういう態度でみんなが協力しているかぎりは、彼らの国は栄えて衰えることはない。

「アーナンダよ。〔3〕ヴァッジ人は、未だ定められていないことを定めず、すでに定められたことを破らず、往昔《おうせき》に定められたヴァッジ人の旧来の法に従って行動しようとする、ということをお前は聞いたか？」

「尊い方よ。〔3〕ヴァッジ人は、未だ定められていないことを定めず、すでに定められたことを破らず、往昔に定められたヴァッジ人の旧来の法に従って行動しようとする、ということをわたしは聞きました。」

「アーナンダよ。ヴァッジ人が、未来の世にも、未だ定められていないことを定めず、すでに定められたことを破らず、往昔に定められたヴァッジ人の旧来の法に従って行動する間は、ヴァッジ人には繁栄が期待され、衰亡は無いであろう。」〔一―四〕

仏教は観念的な保守主義をとっています。つまり、昔によき世があった。そのときよき定めがつくられた。それを今日にまでずっと伝えてきているのがよい姿である。これを末世になった現在に壊してしまう、破ってしまうということは、世の中を乱すもとである。そういうことをしないで、昔からの理想的な姿のきまりを保存し、実行しているあいだは彼らは栄えるというわけです。

「アーナンダよ。〔4〕ヴァッジ人は、ヴァッジ族のうちの古老を敬い、尊び、崇《あが》めて、もてなし、そうして彼らの言を聴くべきものと思う、ということをお前は聞いたか？」

「尊い方よ。〔4〕ヴァッジ人は、ヴァッジ族のうちの古老を敬い、尊び、崇めて、もてなし、そうして彼らの言を聴くべきものと思う、ということをわたしは聞きました。」

「アーナンダよ。ヴァッジ人がヴァッジ族のうちの古老を敬い、尊び、崇めて、もてなし、そうして彼らの言を聴くべきものだと思っている間は、ヴァッジ人には繁栄が期待され、衰亡は無いであろう。」〔一–四〕

総じて、東アジア・南アジアの社会では年齢を尊重いたします。古老、老人というものは過去からの経験を蓄積している。その経験がものをいう。だから老人を尊ぶ。それからまた、老人はかつて苦労して今日の繁栄をつくり上げた人々ですから、だから、そういう人々に対して感謝の気持ちをもって老人を尊敬するということ、これが東アジア・南アジアで顕著でありますが、その道徳をいっているのです。

「アーナンダよ。〔5〕ヴァッジ人は、良家の婦女・童女をば暴力で連れ出し拘《とら》え留める(同棲する)ことをなさない、ということをお前は聞いたか?」

「尊い方よ。〔5〕ヴァッジ人は、良家の婦女・童女をば暴力で連れ出し拘え留めることをなさない、ということをわたしは聞きました。」

「アーナンダよ。ヴァッジ人が、良家の婦女・童女をば暴力で連れ出し拘え留めることをなさない間は、ヴァッジ人には繁栄が期待され、衰亡は無いであろう。」〔一—四〕

つまり、女人を掠奪《りゃくだつ》するということです。昔は掠奪結婚などが行なわれましたが、そういう暴力に訴えて女性を引っぱり出すなんてことをしてはいけない。そんなことをしないかぎりは国は栄えるというのです。

「アーナンダよ。〔6〕ヴァッジ人は〔都市の〕内外のヴァッジ人のヴァッジ霊域《れいいき》を敬い、尊び、崇め、支持し、そうして以前に与えられ、以前に為されたる、法に適《かな》ったかれらの供物《くもつ》を廃することがない、ということをお前は聞いたか?」

「尊い方よ。〔6〕ヴァッジ人は、〔都市の〕内外のヴァッジ人のヴァッジ霊域を敬い、尊び、崇め、支持し、そうして以前に与えられ、以前に為されたる、法に適ったかれらの供物を廃することがない、ということをわたしは聞きました。」

「アーナンダよ。ヴァッジ人が、〔都市の〕内外のヴァッジ人のヴァッジ霊域を敬い、尊び、崇め、支持し、そうして以前に与えられ、以前に為されたる、法に適ったかれらの供物を廃することがない間は、ヴァッジ人には繁栄が期待され、衰亡は無いであろう。」〔一―四〕

この霊域、霊場というのは、もとのことばでチェーティア(cetiya)といいますが、だいたい、大きな木が繁っておりまして、その下に、神あるいは亡くなった偉い人のお骨をそこに納めて、それを拝むというのがインドの当時における習俗でした。それを守れというのです。ここから後に、仏教が祖先崇拝をとり入れるようになる根拠があるわけです。

「アーナンダよ。〔7〕ヴァッジ人が真人《しんじん》(尊敬されるべき修行者)たちに、正当の保護と防禦《ぼうぎょ》と支持とを与えてよく備え、未だ来らざる真人たちが、この領土に到来するであろうことを、また、すでに来た真人たちが、領土のうちに安らかに住まうであろうことをねがう、ということをお前は聞いたか？」

「尊い方よ。〔7〕ヴァッジ人は真人たちに、正当の保護と防禦と支持とを与えてよく備え、未だ来らざる真人たちが、この領土に到来するであろうことを、また、すでに来た真人たちが、領土のうちに安らかに住まうであろうことをねがう、ということをわたしは聞きました。」

「アーナンダよ。ヴァッジ人が真人たちに、正当の保護と防禦と支持とを与えてよく備え、未だ来らざる真人たちが、この領土に到来するであろうことを、また、すでに来た真人たちが、領土のうちに安らかに住まうであろうことをねがう間は、ヴァッジ人には繁栄が期待され、衰亡は無いであろう。」〔一-四〕

「真人」と訳しましたが、これはもとのことばでアラハント(arahant)といいます。それを音で写しまして「阿羅漢《あらかん》」といいますが、「敬われるべき人」「尊敬さるべき人」という意味です。最初期の仏教やジャイナ教ではブッダと同義で、ほんとうの立派な修行者のことをそう呼んだのです。そういう人をすべて保護すべしというのです。だから、べつに仏教は狭い特殊な宗教というものを説いたのではない。ほんとうの宗教的な生活、実践を行なっている人はみな尊び、保護を与えるというのでありまして、仏教がその後二五〇〇年にわたってずっと持ち続けているひとつの特徴が、すでにここに見られるのです。

こういうぐあいに、ブッダは一つ一つ説いては、アーナンダに「どうだ？」といい、アーナンダは「ああ、もうそのとおりでございます。そのとおりにヴァッジ族はやっています」と答えたわけです。そのうえで、ブッダは大臣に向かって言います。

そこで尊師はマガダの大臣であるヴァッサカーラというバラモンに答えた。——「バラモンよ。かつてあるとき、わたしがヴェーサーリーのサーランダダ霊域に住んでいた。そこで、わたしはヴァッジ人に衰亡を来さないための法を説いた。この七つがヴァッジ人の間に存し、またヴァッジ人がこの七つをまもっているのが見られる限りは、ヴァッジ人に繁栄が期待され、衰亡は無いであろう。」〔一—五〕

「こういう立派な国なのだから、それを攻め滅ぼすなんていうことは無意味なことだ、おやめなさい」というわけです。そういう判断をアジャータサットゥ王の大臣に伝えた。

そのように教えられて、マガダ国の大臣・バラモンであるヴァッサカーラは、尊師に次のように言った。――

「きみ、ゴータマよ。衰亡を来さないための法の一つを具えているだけでも、ヴァッジ人に繁栄が期待され、衰亡は無いであろう。況《いわ》んや七つすべてを具えているなら、なおさらです。きみ、ゴータマよ。マガダ国王アジャータサットゥ――ヴィデーハ国王の女の子――は、戦争でヴァッジ族をやっつけるわけにはいきません。――外交手段だの、離間策によるのでない限り――。

きみ、ゴータマよ。さあ、出かけましょう。われわれは忙しくて為すべきことが多いのです。」

〔ゴータマは答えた〕「バラモンよ。ではどうぞご随意に〔お出かけなさい〕。」

そこでヴァッサカーラ、マガダ国の大臣・バラモンであるヴァッサカーラは尊師の説かれたことを歓び、喜んで、座を起《た》って去った。〔一‐五〕

いきなり、「戦争を起こすのはまちがっているよ、いまはだめだ」とはやらずに、このように、諄々《じゅんじゅん》と説いて聞かせて、そして戦争を起こすのをやめさせたというのがブッダの態度でした。

「自らに頼れ」という教え

やがてブッダは、〈鷲の峰〉を下りて、そして自分の生まれ故郷であるネパールの中部地方に向かって旅を続けて行くことになります。

そして、その途中で機会あるごとに、いろいろ教えを述べられたのですが、そのうちでも、とくに有名なのは「自《みずか》らに頼れ」という教えです（第二章）。

「それ故に、この世で自らを島とし、自らをたよりとして、他人をたよりとせず、

法を島とし、法をよりどころとして、他のものをよりどころとせずにあれ。〔中略〕

アーナンダよ。ここに修行僧は身体について身体を観じ、熱心に、よく気をつけて、念じていて、世間における貪欲と憂いとを除くべきである。感受について感受を観察し、熱心に、よく気をつけて、念じていて、世間における貪欲と憂いとを除くべきである。心について心を観察し、熱心に、よく気をつけて、念じていて、世間における貪欲と憂いとを除くべきである。諸々の事象について諸々の事象を観察し、熱心に、よく気をつけて、念じていて、世間における貪欲と憂いとを除くべきである。

アーナンダよ。このようにして、修行僧は自らを島とし、自らをたよりとして、他人をたよりとせず、法を島とし、法をよりどころとして、他のものをよりどころとしないでいるのである。

アーナンダよ。今でも、またわたしの死後にでも、誰でも自らを島とし、自らをたよりとし、他人をたよりとせず、法を島とし、法をよりどころとし、他のものをよりどころとしないでいる人々がいるならば、かれらはわが修行僧として最高の境地にあるであろう、――誰でも学ぼうと望む人々は――。」〔二・二六〕

この「この世で自らを島とし、自らをたよりとして、他人をたよりとせず、法を島とし、法をよりどころとして、他のものをよりどころとせずにあれ」というのは、とくに有名な文句です。つまり要点は、世に生きていくのになにに頼ったらいいかというとき、「自己に頼れ」「他のものに目が眩《くら》んではいけない」というのです。

では、自己に頼るというのはどういうことであるか。それは人間のなすべき理《ことわり》、実践すべき理法というものがあり、それにしたがって行動することなのです。他のものに目をくれてはいけない。ただ世間をながめて見て、「ああ、どっちが有利かな、景気がよさそうかな」と思ってフラフラしているというのではなくて、人間であるかぎりは「こうすべきである」というしっかりした反省、それにもとづいて行動せよというのです。

昔から、「百万人と雖《いえど》もわれ往かん」と言いますね。つまり、百万人の人が自分と反対の意見を持っていても、自分は自分として行くべき道がある。なぜそれが正当だといえるかというと、いくら他の人が反対しても、自分はこの道が正しいのだと思う、その理、理法にしたがっていれば強い確信が出てくるわけです。だから、自己にしたがうということは理法にしたがうことである。ほんとうの理にしたがって行動するということが自己をはっきりとするゆえんである。そういう実践的な反省がここに述べられています。

「自己に頼れ」ということを「自らを島とし」、あるいは「法に頼れ」ということを「法を島とし」という表現があります。これはちょっとわかりにくいかもしれませんが、漢訳仏典では「州《す》」とも訳されています。もとのことばはディーパ(dīpa)で、これは「州」と訳してもよく、「島」と訳してもいいのです。これはインドの大洪水を考えていただきますと、よくご理解いただけると思います。インドの洪水は日本の洪水などとはケタがちがいまして、雨期明けの洪水などでは一面水浸しになります。そうして向こうに山が見えませんから、大海原のなかにいるようになる。では、人間はどうしたらいいか。一面水浸しになったら住む場所はなくなるわけですから、いくらか小高いところへ難を避けまして、そこで暮らすのです。樹木だけは水の上に出ていますから、その樹木の上に難を避けたりもします。そこで静かに瞑想に耽っている人もおりますし、また、なかには木の上でチェスをして遊んでいる人もいるのです。

そういうインド人の生活を考えてみますと、大洪水のなかで頼るべきもの、これは水面に少しく高く出ている「州」です、それを「島」と呼んでいるのです。やはりこれも彼らの生活体験にもとづいた表現なのです。

法を明らかにする

さて、「法を明らかにする」という、これがブッダの根本的な立場です。だから、昔は「仏教」といわないで「仏法」と申しました。つまり、「仏が明らかにする法」という意味です。ブッダはその最後の旅の途中、ヴェーサーリーでアーナンダに命じて修行僧を集め、次のように告げます(第三章)。

「修行僧たちよ。それでは、ここでわたしは法を知って説示したが、お前たちは、それを良くたもって、実践し、実修し、盛んにしなさい。それは、清浄《しょうじょう》な行ないが長くつづき、久しく存続するように、ということをめざすのであって、そのことが、多くの人々の利益のために、多くの人々の幸福のために、世間の人々を憐れむために、神々と人々との利益・幸福になるためである。」〔三―五〇〕

つまり、人間としての理法を実践するということは、それはあまねく人々のためになることであり、利益・幸福につながることだというのです。

そして――

そこで尊師は修行僧たちに告げられた。――
「さあ、修行僧たちよ。わたしはいまお前たちに告げよう。――もろもろの事象は過ぎ去るものである。怠けることなく修行を完成なさい。久しからずして修行完成者は亡くなるだろう。これから三カ月過ぎたのちに、修行完成者は亡くなるだろう」と。〔三―五一〕

「もろもろの事象は過ぎ去る」とはつまり、諸行無常《しょぎょうむじょう》ですね。だから、「怠けることなく」「修行を完成」させよというのです。修行完成者とは、ブッダ＝ゴータマ・ブッダのことです。

そのうえで、詩のかたちで次のような感想が述べられます。


「わが齢《よわい》は熟した。

わが余命はいくばくもない。

汝らを捨てて、わたしは行くであろう。

わたしは自己に帰依《きえ》することをなしとげた。

汝ら修行僧たちは、怠ることなく、よく気をつけて、
よく戒めをたもて。

その思いをよく定め統一して、おのが心をしっかりとまもれかし。

この教説と戒律とにつとめはげむ人は、生れをくりかえす輪廻をすてて、苦しみも終滅するであろう」と。〔三－五一〕

「自己に帰依する」とは自己に頼るということ、「生れをくりかえす輪廻をすてて」とは、迷いの生存を捨ててということです。

この詩は別れのことばです。みなに別れる、この世を去るということになりますと、そうすると、いまさらながらこの世の美しさに打たれて、恩愛《おんない》への情に惹《ひ》かれるのです。

そのことばが出ております。ヴェーサーリーを去るにあたって、峠の上から顧みて、ブッダはこう言われました。

「アーナンダよ。ヴェーサーリーは楽しい。ウデーナ霊樹《れいじゅ》の地は楽しい。ゴータマカ霊樹の地は楽しい。七つのマンゴーの霊樹の地は楽しい。バフプッタの霊樹の地は楽しい。サーランダダ霊樹の地は楽しい。チャーパーラ霊樹の地は楽しい。」〔三―二〕

ヴェーサーリーは、すでに申しましたように当時の第一の商業都市です。ウデーナ霊樹とは、大きな木が繁っていて、そこに神霊が祀られているというところです。

インドの土地はだいたい荒れていますが、そこに大きな木が繁る。そうすると、葉が繁茂したその下はじつに涼しくて、気持ちがよい。インドには途方もなく大きな木

大バニヤン樹　写真奥，森のように見えているが１本の樹である．カルカッタ・インド植物園　樹齢：約250年，樹冠：420 m，高さ：24.5 m，気根：1825本

があり、世界第一の大きなバニヤン(榕樹《ようじゅ》)というのがカルカッタの植物園にありますが、遠くから見るとまるで森のように見えます。それが根を下ろしているそのまわりは四〇〇メートルもあって、自動車などはほんとに小さくて、虫みたいに見えるのです。そんな大きな木もインドにはあるのですから、霊樹の地をとくに選んで、そこで涼をとり、休んだ。そして拝んだというのは十分理解できるのです。

そうして、ブッダは、サンスクリット語で書かれた『マハーパリニルヴァーナ経』によれば、「この世界は美しいものだし、人間の命は甘美なものだ」と、そういう感想を述べております。この世を去るにあたって、恩愛への情の去りがたいものがあったのでございましょう。

病と疲労のなかで

続いて、ブッダはパーヴァーというところで、鍛冶工《かじこう》チュンダのささげた食物を食べたあと、病気になったという物語・伝説があります(第四章)。


このようにわたしは聞いた。

——鍛冶工であるチュンダのささげた食物を食《め》して、しっかりと気をつけている人は、ついに死に至る激しい病に罹《かか》られた。

菌《きのこ》を食べられたので、師に激しい病が起こった。

下痢をしながらも尊師は言われた。

「わたしはクシナーラーの都市に行こう」と。

〔四—二〇〕

チュンダはふつう、鍛冶工とされていますが、インドでは、鍛冶工と金銀の細工人とはとくに区別されないので、金属細工人としたほうがいいかもしれません。いずれにせよ、インドのカースト社会では蔑視される存在でした。当時、ようやく富裕になってきた彼らは、精神的指導者を求めて、ブッダを歓迎供養しようとし、ブッダもそれに応じられたわけです。はからずも、それが病のきっかけとなったわけですが、食事が原因だったわけでなく、たまたま病気がそのとき起こったのだと述べる書もあります。

さて、クシナーラーというのは、現在クシナガラと申します。ここでブッダは亡くなるのですが、そこへの旅路はけっして楽なものではなかった。ここには人間ブッダの姿がよく出ております。

それから尊師は路から退いて、一本の樹の根もとに近づかれた。近づいてから、若き人アーナンダに言った。

「さあ、アーナンダよ。お前はわたしのために外衣《がいい》を四つ折りにして敷いてくれ。わたしは疲れた。わたしは坐りたい。」

「かしこまりました」と、アーナンダは尊師に答えて、外衣を四重《しじゅう》にして敷いた。尊師は設けられた座に坐った。坐ってから、尊師は、若き人アーナンダに言った。「さあ、アーナンダよ。わたしに水をもって来てくれ。わたしは、のどが渇いている。わたしは飲みたいのだ。」〔四―二二～二三〕

喘《あえ》ぎながら、なおも旅を続ける。そうして、ヒラニヤヴァティーという河を渡ろうとするのです（第五章）。

さて、尊師は若き人アーナンダに告げた。「さあ、アーナンダよ。ヒラニヤヴァティー河の彼岸にあるクシナーラーのマッラ族のウパヴァッタナにおもむこう」と。「かしこまりました。尊い方よ」と、若き人アーナンダは尊師に答えた。〔五―一〕

ヒラニヤヴァティーというのは「黄金を産する河」という意味で、今日でもそこに小さな川が残っておりますが、昔は大河であったと語り伝えられております。その彼方の土地、マッラ族というのが住んでいるその林におもむこうというのです。このマッラ族というのも、やはり当時、貴族による共和政治を行なっておりました。

そこで尊師は、多くの修行僧たちとともに、ヒラニヤヴァティー河の彼岸にあるクシナーラーのマッラ族のウパヴァッタナにおもむいた。そこにおもむいて、アーナンダに告げて言った。――

「さあ、アーナンダよ。わたしのために、二本並んだサーラの樹(沙羅双樹《さらそうじゅ》)の間に、頭を北に向けて床を用意してくれ。アーナンダよ。わたしは疲れた。横になりたい」と。〔五―二〕

ここに人間的な姿がよく出ておりますね。「二本並んだサーラの樹」、これを漢訳の仏典では「沙羅双樹」といっております。二本の樹のその間に、「頭を北に向けて床を用意してくれ」。わが国でも人が亡くなりますと北枕ということをいたしましょう。それはここから由来することなのです。

「かしこまりました」と尊師に答えて、アーナンダはサーラの双樹の間に、頭を北に向けて床を敷いた。そこで尊師は右脇を下につけて、足の上に足を重ね、師《し》子座《しざ》をしつらえて、正しく念《おも》い、正しくこころをとどめていた。〔五―二〕

愛弟子のアーナンダは「かしこまりました」と答え、言われたとおりに床を敷くのですが、この床は日本人の寝床のようなものではなくて、おそらく竹とか蔓《つる》とか小さな木切れでつくったベッドのようなものだと思います。それが昔から今日にいたるまで、修行者の坐す座席です。だから、ベッドにもなるし、またその上で足を組んで坐ることもできるのです。

この場合、ブッダはもう疲れておられましたから、そこで「右脇を下につけて、足の上に足を重ね、師子座をしつらえて」、横になります。こういう横になる仕方を師子座というのです。師子(獅子)が横に臥すような、すばらしい寝方という意味です。右脇を下にする、そうすると、左脇が上になるわけです。これは非常に楽な姿勢なのです。つまり、心臓のところが上になりますから圧迫しないのですね。昔から今日にいたるまで、インドの教養ある立派な人は、こういう姿で寝るものだとされております。

臨終の席

最後の臨終の席に、まだ、入門してお弟子になりたいという人があらわれてきます。その一人はスバッダという遍歴行者です。『大パリニッバーナ経』には、その人に向かって述べられたことばが、詩のかたちで伝えられております（第五章）。

「スバッダよ。わたしは二十九歳で、何かしら善を求めて出家した。
スバッダよ。わたしは出家してから五十年余となった。
正理《しょうり》と法の領域のみを歩んで来た。
これ以外には〈道の人《みち》〉なるものは存在しない。」〔五-二七〕

過去の回想です。ブッダの出家の歳はいろいろ伝えもありますが、ここでは二十九歳で出家したといいます。「いったい何が善であるか」「人間のなすべきことのうちで、ほんとうの意味の善と呼ばれるべきものは何であるか」ということ、それを求めて出家したというのです。

つまり、すでに述べましたように、当時の哲人たちはいろいろなことを論議していまして、人がいかに生きるべきかということについて、異なった思想を展開しておりました。そのために人々は思想的な混乱に陥っており、それはブッダだって、そうなのです。だから「ほんとうの生き方というものはどういうことであるか」、それを確かめたいと思って自分は出家したという。

当時、道を求める人は、家族から離れて、出家修行僧となるのが通例の生き方でした。今日でいえば、家族と離れて、留学に出かけるというようなものです。そういうことがだれにでもできたというわけではなく、わりあいに富裕な人にはそれが可能であった。だから、家族が困る場合には家族を捨てて出家してはならない、という規定が古代インドの法典には述べられております。ブッダの場合には、王族でありましたから、出家してもあとが困るということはなく、出家するのも容易であったのでしょう。それから六年、苦行を修めて、さとりに達した。ブッダガヤーという土地でさとりに達したということは、聖典の伝えているとおりです。

そして、ブッダのことばは続きます。

「スバッダよ。わたしは出家してから五十年余となった」。ブッダはこのとき、八十歳であったといわれておりますから、そういう計算になります。

自分は「正理と法の領域のみを歩んで来た」。この「正理」(正しい道理、正しい筋道)、それから「法」というのは、もとのことばではダルマ(dharma)といいます。人間の依るべき決まり、則《のり》、筋道をいうのです。それを求めて、その道理にしたがった生活を自分はずっと続けてきた。

「これ以外には〈道の人〉なるものは存在しない」。〈道の人〉とここで訳したのは、もとのことばではサマナ(samaṇa)といいます。「つとめる人」という意味です。訳しにくいものですから、漢訳仏典ではそれを「沙門《しゃもん》」と音を写しております。ですからわが国でも、お坊さんのことを「沙門」と申しましょう。それは「つとめる人」、つまり「道を実践する人」という意味なのです。その理想をブッダはずっと追求してきたのです。それ以外に宗教家というものはありえないのだ、というのです。

つまり、そのときまでにいろいろの宗教が存在し、種々の儀式を行なっていたのですが、そういうことに拘泥《こうでい》せず、かかずらわず、人間のほんとうの道を追求する、それがブッダの一生のつとめであり、課題であったということをいうのです。

ブッダはこういう教えを述べたあとで、やがて安らかに息を引き取ります。

その臨終のようすは、ブッダを慕うお弟子たちに囲まれて、愛情のこもったしめやかな、そしてあたたかい気持ちの通うものでした。その姿がわが国でも「涅槃図《ねはんず》」として表現されて、いくつも今日に伝えられております。

解説

前田専學

ブッダの生涯と経典の成立

ブッダの生涯をめぐるさまざまな伝承

ブッダは、自分自身について、あるいは教えについて、何も書き残しませんでした。しかし、ブッダの生涯については、主として「仏伝《ぶつでん》」あるいは「仏伝文学」と称される一群の仏教文献に伝えられたさまざまな伝承から、ある程度うかがい知ることができます。このほかに、考古学的な発掘品などもまた、有力な手がかりを与えてくれます。

ただ、仏伝といっても、誕生から入滅《にゅうめつ》までのブッダの八〇年にわたる全生涯を扱ったものはなく、かれの生涯のある限られた時期や、ある特定のことがらに関する記録が伝えられているにすぎません。しかも、これらの仏伝は、年代的に古いと思われるものから、後代に加筆・付加されたと思われるもの、また、とうてい信じられないような神格化されたブッダを描いているものなど、さまざまであり、どこまで真実のブッダの姿を描いているのか、わからないところがあります。

年代的に比較的古いと推定されている仏伝としては、本書に引用したパーリ語経典『スッタニパータ』に含まれているものや、『大パリニッバーナ経』などがあります。主として、これらの比較的古いと思われる「仏伝」や諸研究にもとづいて、ブッダの生涯を簡単にあとづけてみたいと思います。

誕生と呼称

ブッダは、ネパールの釈迦族《しゃかぞく》の中心地であるカピラヴァットゥ（カピラ城）の国王スッドーダナ（漢訳では浄飯王《じょうぼんのう》。「浄らかな御飯をもつもの」の意）の長子として生まれました。かれの母のマーヤー（摩耶《まや》。「神の不思議な霊力」の意）夫人が、出産のために実家に戻る途中、カピラヴァットゥの郊外にあるルンビニー園に立ち寄ったとき産気づいて、この園でかれを生んだと伝えられています。

ブッダの誕生年がいつであったかについては、いろいろな意見があります。スリランカ、インドなどの南方アジアの諸国では、一九五六年から一九五七年にかけて、ブッダの入滅二五〇〇年の記念式典が盛大に行なわれました。これはブッダの入滅が紀元前五四四年であるという南方仏教の伝統説によっています。ブッダは八〇年の生涯をおくったという伝説を採用すれば、ブッダの誕生は紀元前六二四年ということになります。現在わが国ではこの説を採用することはなく、誕生〜入滅の年について、(1)紀元前五六六〜四八六年ないし紀元前五六〇〜四八〇年頃、(2)紀元前四六六〜三八六年または四六三〜三八三年、あるいは紀元前四八〇〜四〇〇年頃、などという説が主張されています。本稿では、中村元博士の四六三〜三八三年説に従いたいと思います。

また、誕生日については、日本では四月八日とされ、灌仏会《かんぶつえ》また花まつりといわれて、ブッダの誕生のお祝いをします。お隣りの韓国でも、旧暦の四月八日は国家が正式に制定した祝日であり、全国各地の寺院で花まつりが盛大に行なわれます。これに対して、スリランカなど南方諸国では、ゴータマ・ブッダの誕生も成道《じょうどう》も入滅もすべて、ウェーサーク祭(四月〜五月の満月の日に行なわれる)で祝うのが通例になっています。

ブッダの呼称にはいろいろなものがあります。本書ではブッダを使っていますが、ブッダは「目覚める」を意味する動詞の過去分詞で、「目覚めた人」「覚者《かくしゃ》」「さとった人」を意味し、これは本来、固有名詞ではなく、理想的な修行完成者を示す普通名詞として用いられたものです。しかも、仏教だけでなく、ジャイナ教(階級制度を否定し、あらゆるものに生命が宿るとしてとくに不殺生の厳守を説く)でも、真理をさとった人をブッダと呼びました。中国で仏典を漢訳するにあたって、このことばは「仏」という漢字で写されましたが、玄奘三蔵《げんじょうさんぞう》以後になると、「仏陀」と音写されるようになります。

古い仏典では、ゴータマ・ブッダと呼ばれています。日本では一般に「お釈迦さま」とか「釈迦」という呼称が用いられますが、これはブッダが釈迦族の出身であることに由来しています。「釈迦」とは、サキヤ(Sakya.「力あるもの」の意)の音写です。かれはまた、「釈迦牟尼《しゃかむに》」と呼ばれることがあります。これはサキヤムニを音写したことばで、ムニは聖者を意味していますから、釈迦族の聖者という尊称です。日本でよく用いられる「釈尊《しゃくそん》」という呼び方は、「釈迦牟尼世尊」の省略形です。なお、僧侶の姓が釈であったり、また死亡後に剃髪して法名(戒名)をつける習わしがあって、浄土真宗ではその法名に「釈」を冠したりしますが、この「釈」は釈迦の略であり、仏教の出家者はみな釈尊の弟子となるので、「釈氏」を姓とするという考え方からきているのです。

この釈迦族は、ヒマーラヤ山の麓の中部ネパールの南辺にあるタラーイ盆地に住み、バラモン教の伝統を奉ずることなく、バラモンの権威を無視し、逆にバラモンは釈迦族を軽蔑していたといわれています(中村元『ゴータマ・ブッダ――釈尊の生涯』春秋社、一九六九)。当時、釈迦族は、北インドに覇をとなえた強大な王国、コーサラ国(現在のウッタル・プラデーシュ州の北東部)に従属し、朝貢していたようです。しかし後になると、釈迦族はこのコーサラ国のために滅ぼされてしまうことになります。

釈迦族がいかなる人種であったか、また何語を語ったのかということは、今日もよくわかっていません。西洋の学者は、ブッダは自分たちと同じ祖先にさかのぼるアーリア人と信じていたようです。かつて、イギリスの有名な歴史学者V・スミスが「ゴータマ・ブッダはモンゴロイド(黄色人種)であったらしい」と主張し、西洋の学者たちに衝撃を与えたことがありました。しかし、現在のところまだ結論はでていません。なお、ブッダはふつう、インドで生まれたと思われていますが、かれの誕生地であるルンビニーは、現在の国境でいえば、インドではなくてネパール王国領にあります。とはいえ、その位置はネパール王国の首都カトマンドゥから二三〇キロも離れており、インドとの国境には四キロくらいと極めて近く、多くの巡礼者はインドから訪れます。

出家・成道・伝道、そして入滅

さて、ブッダは誕生の七日後に母マーヤー夫人が亡くなったために、母の妹であるマハー・パジャーパティー(大愛道)に育てられました。そのためか、かれは世間的には何不足のない境遇にありながらも、物思いにふける傾向がありました。父王は、それを心配したのでしょう、南方の伝承によると、かれの一六歳のときにヤソーダラー(耶輸陀羅《やしゅだら》。「誉れある淑女」の意)と結婚させました。そして、二人のあいだには一子ラーフラ(羅睺羅《らごら》)が生まれます。

しかしかれは、深く人生の問題に悩むところがあり、二九歳のとき、ついに出家して、沙門《しゃもん》(「努力する人」の意。非バラモン系統の遍歴修行者をいう)になりました。出家の動機については、仏伝はさまざまに伝えていて、本書収録の『スッタニパータ』では、いささか厭世的な動機であったように描かれておりますが、積極的に涅槃《ねはん》を求めての出家であったことを強調した仏伝もあります。

出家したブッダは、まず当時ガンガー河(ガンジス河)中流域で最大の強国であったマガダ国の首都ラージャガハ(王舎城《おうしゃじょう》)におもむきました。かれを見たマガダ国王ビンビサーラは世俗に戻るように勧誘しますが、ブッダはそれを断ります。そしてブッダは、マガダ国内を順次遊行《ゆぎょう》して、やがてネーランジャラー河のほとりのウルヴェーラーのセーナー村に入り、苦行を修することになりました。この苦行するブッダに、悪魔の誘惑・攻撃が七年間にわたって差し向けられましたが、ブッダはそれをことごとく退けたと伝えられています。こうした状況は、本書収録の『スッタニパータ』や『サンユッタ・ニカーヤ』のなかに述べられています。

後世の仏伝によれば、ブッダは六年間、山林にこもって苦行を行ない、身はやせ細り、眼窩《がんか》がおそろしいほどに大きく落ちくぼみ、肋骨が一本一本浮き出るほどになったといわれています。パキスタンのラホール博物館に「釈迦苦行像」が所蔵されていますが、本来、金色であるべき皮膚が断食のために真っ黒になって、しかも端然と結《けっ》跏《か》趺《ふ》坐《ざ》している姿は、見るものに大きな衝撃と感動を与えます。

しかしブッダは、このような苦行では、結局悟りを得ることはできないと知り、苦行を捨てることになりました。伝説によると、ネーランジャラー河で沐浴し、村の少女の捧げる乳糜《にゅうび》を飲んで元気を回復し、ガンガー河中流の南方にある、後にブッダガヤーと呼ばれる所で、菩《ぼ》提樹《だいじゅ》のもとで沈思瞑想し、ついに悟りを開きました。これは

「成道《じょうどう》」といわれます。ときにブッダ三五歳でした。

そしてブッダは、梵天《ぼんてん》の懇請をうけて、仏教伝道の旅を開始する決心をしたと伝えられます。ブッダはまず、古来ヒンドゥー教の聖地であるヴァーラーナシー(ベナーレス)におもむきました。そして、その郊外にあるサールナート(鹿の園＝「鹿野苑《ろくやおん》」)において旧友の修行者五人を教化し、ここにはじめて仏教教団が成立しました。毎年雨期には旅行ができないので、一カ所にとどまって雨期の定住生活(雨安居《うあんご》)を行ない、それ以外の時期にはつねに各地を遊行して教化活動に専念します。

ときがたつにつれて、ブッダを慕う信者たちが各地に小集団を形成するようになりました。構成員は、出家した修行僧と在家の信者の二種類に大きく分かれますが、ここにはあらゆる階級、あらゆる職業の人々がいました。これらの教団は初めは一定した呼称をもっていなかったようですが、アショーカ王(阿育《あいく》王。前二六八～前二三二年在位)の時代になりますと、サンガ(saṃgha.「僧伽《そうぎゃ》」)が仏教教団を意味する固有名詞になったと推測されています。そして教団のなかに入った人々のあいだでは、階級の区別がなく、ただ年齢と知識に関してだけ、区別が認められていたようです。こうした教団のあり方がいかに人々のこころをとらえたかは、第二巻『真理のことば』のなかに収録されている『仏弟子の告白』(『テーラガーター』)、『尼僧の告白』(『テーリーガーター』)によく示されています。

ブッダの教化活動の中心地は、マガダ国の首都ラージャガハと、生まれ故郷にやや近いサーヴァッティー(舎衛城《しゃえじょう》)とでした。ラージャガハには、その郊外にビンビサーラ王から寄進された竹林園があり、サーヴァッティーには、一富豪によって寄進された祇園精舎《ぎおんしょうじゃ》がありました。

ブッダ最晩年の姿は、本書に収録した『大パリニッバーナ経』に詳しく、また赤裸々に描かれています。弟子たちをつれて、ラージャガハの東北方にある鷲《わし》の峰(霊鷲山《りょうじゅせん》)を出て、自分の故郷に向かって旅立ったブッダは、折を見て説法し、途中大病にかかりながらも、旅をつづけました。そして、現在のネパール国境に近いクシナーラーにたどりついたところで、愛弟子アーナンダが二本のサーラ樹の間に敷いた床に、頭を北に向け、右脇を下にして横たわり、弟子や信者たちに見守られながら、安らかに八〇歳の生涯を閉じたのでした。ブッダの亡くなった月日は不明ですが、南方アジアの仏教諸国では第二の月の満月の日に祝い、中国や日本では、二月一五日がブッダの入滅の日とされています。

経典とその編纂

すでに述べたように、ブッダ自身は何も書き残しませんでした。今日経典として伝えられているものは、ブッダが生前中にだれかに説いたことがらを、それを聞いた弟子たちが口伝《くでん》のかたちで伝え、後の人がそれを最初は短い詩の形にしてまとめたものです。

ブッダが亡くなってまもない時期に、その高弟であったマハーカッサパ(「摩《ま》訶《か》迦《か》葉《しょう》」)が長となって、五百人の弟子が集まり、ブッダの教えの「結集《けつじゅう》」(サンギーティ saṃgīti)が行なわれたと伝えられます。結集とは、今日いうところの校訂と編集に相当するものですが、この場合にはおそらく、書写したのではなく、弟子たちの間で記憶を確認しあったのだと思われます。こうした会合がその後何度も行なわれたことから、このときのことを「第一結集」と呼びます。

おそらく、この第一結集のときに編集されたものが骨格となって、口伝されていくうちに、やがてそれに肉付けされたり、変容が加えられたりしながら、幾世紀にもわたって伝承・伝来されてきたものと推定されます。今日わたしどもが見ることができるものは、後代にいろいろ改変されて成立した『経蔵《きょうぞう》』(ブッダとその弟子たちの言行を伝える)と『律蔵《りつぞう》』(戒律に関する規定や説明を述べる)に、『論蔵《ろんぞう》』(教えに関する注釈的教義的論述)を加えた『三蔵《さんぞう》』です。多数の先人の想像を絶する努力によって、今日にいたるまでに、じつに膨大な数と量の仏教の経典や論書が伝えられてきました。

しかし多数の経典や論書があるなかで、キリスト教の『聖書』やイスラーム教の『クルアン(コーラン)』に相当するような、権威をもったただ一つの聖典というものはありません。しいていえば『大蔵経《だいぞうきょう》』――『一切経《いっさいきょう》』ともいわれます――を挙げることになりましょう。しかし、これは一冊の単行本ではなくて、多数の経典や論書が集められた一大叢書です。しかも一種類ではなくて、大別して『パーリ語三蔵』『漢訳大蔵経』『チベット大蔵経』の三種――その他にモンゴル語と満州語の『大蔵経』もあります――が伝えられています。

仏教の最初期の原始仏教の聖典が『パーリ語三蔵』とそれに相当する漢訳の諸経典なのです(ほかに少数のサンスクリット語の聖典の断片があります)。

『パーリ語三蔵』とは

ブッダ自身はおそらく中インドのマガダ語の一種で説法したと推定され、それらは後に、パーリ語、ガンダーラ語、サンスクリット語などの諸言語で記されるようになった、と考えられています。パーリ語は『パーリ語三蔵』に使われている言語で、古代インドの一種の俗語です。

紀元前三世紀ころ、アショーカ王は、その子マヒンダを派遣して、スリランカに仏教を伝えました。この伝統はその後、ミャンマー、タイ、ラオス、カンボジアなど、東南アジア一帯に伝わり、それらの諸国では現在も、『パーリ語三蔵』は権威ある聖典として尊重されています。本書収録の『スッタニパータ』『サンユッタ・ニカーヤ』、そして第二巻収録の『ダンマパダ(法句経《ほっくきょう》)』、また、ブッダの過去世物語である『ジャータカ』などは、この『パーリ語三蔵』のなかの『経蔵』に含まれています。なお、この『三蔵』以外(蔵外《ぞうがい》といわれます)にも、パーリ語で書かれた多数の聖典が著されましたが、そのうちでとくに有名なのは『ミリンダ王の問い』です。

『パーリ語三蔵』は、日本の仏教徒になじみのある大乗仏教の聖典をまったく収録していません。そのこともあって、わが国の伝統的な仏教徒は、明治になってヨーロッパの学者の研究に接するまで、その存在すらも知りませんでした。しかしこの『パーリ語三蔵』は、前一世紀ころに成立したと推定されており、現存の大蔵経のうちもっとも古いものです。この『三蔵』に書かれているものをブッダの直接の教えとすることはできませんが、とくに『経蔵』と『律蔵』は、少なくとも仏教がガンガー河流域に起こってからアショーカ王のマウリヤ王朝時代(前三二七～前一八〇年ころ)にいたる最初期の仏教の思想や生活を知る手がかりを与える唯一の資料で、仏典の源流といえましょう。この膨大な量の『パーリ語三蔵』は、日本では『南伝大蔵経《なんでんだいぞうきょう》』全六五巻七〇冊(高楠順次郎《たかくすじゅんじろう》編、大蔵出版、一九三五～一九四一)として、すべて邦訳・出版されています。

なお、『漢訳大蔵経』は、中国では、二世紀に安世高《あんせいこう》がはじめて仏典の漢訳を行なって以来、原始仏教関係の経典から大乗仏教関係の経典まで、膨大な数と量のテキストが漢訳されました。そしてしばしば、それらの漢訳仏教聖典を集めて、それを『大蔵経』と呼びました。その後、朝鮮半島や日本などでも、そのような仏典の叢書が出版されています。現在世界中の仏教研究者によって利用されているのは、日本における近代的インド学・仏教学の父ともいえる高楠順次郎(一八六六～一九四五)が、渡辺海《かい》旭《きょく》(一八七二～一九三三)とともに一九三二(昭和七)年に完成した『大正新脩大蔵経《たいしょうしんしゅうだいぞうきょう》』

（全一〇〇巻）です。日本でこの『大蔵経』の英訳が目下進行中であり、またこの一部分のデータベースがインターネットにのっていて、世界中の研究者に利用されています。

なお、『チベット大蔵経』は、チベット語に翻訳された仏典――大部分は七世紀ころから九世紀にかけて翻訳された――を集めた一大叢書です。さいわい今日では、『北京版チベット大蔵経』を写真版によって印刷した『影印《えいいん》北京版西蔵《チベット》大蔵経』（全一五一巻）が日本で出版され、容易に利用することができるようになりました。

中村元先生のこと

人と学問

中村元《はじめ》先生は一九一二（大正元）年一一月二八日、かつてラフカディオ・ハーン（小泉八雲）が住んでいた家の近く、島根県松江市殿町で生まれました。翌年、松江から東京の本郷西片町に移住、やがて、東京高等師範学校付属中学（現在の筑波大学付属高校）に入学します。しかし、入学してまもなく腎臓を患い、一年間にわたって病床に臥《ふ》すという不幸に見舞われました。先生はこのとき、哲学書や宗教書を読みあさったそうです。実はこれが宗教とくに仏教に近づかれる機縁となりました。

先生はつねづね、「西洋の文明はどちらかというと個人主義で、冷たい感じがする。それにたいして東洋の文明には温かさを覚える」とおっしゃっていました。先生は古今東西の思想に通じており、西洋哲学にも大変造詣《ぞうけい》の深い方でしたが、なぜ西洋哲学ではなく東洋哲学を選ばれたのか、ということの一端があらわれているように思います。いずれにせよ、「まるで火星人の言語のような難解な術語をそのまま用いる学問と世間では考えられている」と、先生ご自身がおっしゃっている「インド哲学」の学問の道に入られたのは、先生を襲った病魔が一つの原因でした。

そして一九三六(昭和一一)年、東京帝国大学文学部印度哲学梵文学科を卒業、一九四三(昭和一八)年、異例の若さで東京帝国大学助教授に抜擢《ばってき》されます(一九五四(昭和二九)年、教授)。一九四八(昭和二三)年、『東洋人の思惟方法』を出版されて大きな反響を呼び、とくにアメリカで注目されました。それがきっかけで一九五一(昭和二六)年、アメリカのスタンフォード大学の招聘《しょうへい》を受け、客員教授としてインド哲学・仏教学の講義をすることになります。いまでこそ、日本人が招聘されてアメリカで講義をするのはめずらしくありませんが、戦後まもなくのことであり、そのような栄誉を受けた人文系の日本の学者はほかに例がありません。

わたしが先生にお目にかかったのは、一九五二(昭和二七)年、アメリカでの一年間の講義を終えて帰国されたばかりのときです。当時、大学二年であったわたしは、東大教養学部での出張講義「インド思想史」を聴講し、新鮮で魅力的な講義にふれて、内心ひそかに、中村先生を指導教官とする「インド哲学」を専攻することを決めたのです。この出会いがその後のわたしの人生を決定することになりました。

先生の「印度哲学演習」は息の詰まるような真剣勝負で、ポイントポイントで、厳しい質問の矢が学生に飛びました。毎週かなりの量の予習が不可欠だったことを懐かしく思い出します。しかし、学問の場を離れれば、じつに優しく、また面倒見のいい方で、中村先生ならびに奥様の温かくまた慈しみ深いお人柄を物語るエピソードは数多くあります。

東方研究会・東方学院の設立

一九七〇(昭和四五)年、先生は、東洋思想の研究とその普及を目的として、財団法

東方学院での講義風景(撮影　齋藤康一)

人東方研究会を設立、理事長としてみずから陣頭に立ちます。これを設立した強い動機の一つは、才能がありながらもそれを発揮する機会を与えられないでいる若手の東洋思想の研究者を助成することでした。しかも、先生はセクショナリズムを嫌っていましたから、母校の東大出身者に限定することなく、能力があれば、他の大学の出身者にもわけへだてなく門戸を開いたのです。この東方研究会の恩恵を受け、そして現に受けている若い研究員の数は相当数に上っています。

一九七三(昭和四八)年、東大の停年退官を機に、大学では実現不可能な、先生の理想である「個人指導の場の共同体」の実現をめざして、東方研究会を母胎とする一つの事業として、東方学院を開院します。「真理探究を第一義として、学歴・年齢・職業・国籍・性別などにとらわれず、本当に勉強したいと願う人々に、広く門戸を開」くことをうたい、院長として活躍し、車椅子に乗られるようになられても、なお多数の人々の指導に尽瘁《じんすい》したのです。

先生はお亡くなりになるまで、東大名誉教授とか日本学士院会員などの肩書きよりも、東方学院長という肩書きを大事にされ、好んで用いられていました。この東方学院で直接のご指導を受け、中村先生を慕う方々の数も膨大なものになると思います。

前代未聞の大著述家

先生は、日本語のみならず、英語・ドイツ語などの欧文の著書・論文など、合わせて千点以上にのぼる著作を書き残しました。著作全部を積み上げると、おそらく先生の身長の三倍近くにもなるでしょう。欧米の学者でも、これほどの多作家を、寡聞《かぶん》にして知りません。学問の領域はインド哲学・仏教学・比較思想・歴史学などなど、きわめて広く、年代的にも古代から現代に及び、その関心は日本・インド・中国・韓国からヨーロッパにいたるまで、ユーラシア大陸全域に及んでいます。しかも、各領域で斬新・独創的・先駆的な研究を行なったのです。

かつてわたしは、中村先生の学問の世界を、活き活きと繁茂し、無限に成長しつづけて、人々に憩いと安らぎをあたえるバニヤンの大樹に譬《たと》えたことがあります(『中村元の世界』青土社、一九八五)。バニヤンの大樹は、数多くの太い幹がどっかと地中に根をはっていて、うっかりすると、一本一本が独立した大木のように見えますが、よく見ると一本の中心になる幹を基軸にがっちりと組み上がった一つの大宇宙を形成しています。先生の場合、その基軸をなす幹こそがインド哲学である、とわたしには思われます。そして、その学問世界を反映しているのが、みずから選定した『中村元選集』(春秋社、一九七七)です。

『中村元選集』の世界

この『選集』は全体として一貫性をもち、インドの思想と文明についての歴史的体系的な叙述をめざしたものです。当初一〇巻で計画され、のちに二〇巻構成となり、最終的にはさらに三巻増えて、全二三巻として完結しました。そして、その約十年後の一九八八(昭和六三)年には、春秋社の創業七〇周年記念出版として、構想をまったく新しくした全三二巻・別巻八巻、合計四〇巻からなる決定版選集の出版計画がたてられました。各巻は平均七〇〇～八〇〇頁にもなる大冊であり、これは単独の学者の著作集としては他に類を見ない壮大なものです(一九九九年完結)。

ここでは『選集』の詳しい解説は省きますが、先生の学問世界をよくあらわすものとして、概略を述べておきます。

のちに英訳もされた名著『東洋人の思惟方法』(みすず書房、一九四八～一九四九)が最初の四巻に収められ、『選集』全体の入門の意味をもつものとして位置づけられています。結論として設けられた「東洋思想とは」という章では、東洋人の思惟方法の比較研究は同時に西洋の哲学に対する批判的意義を有するものであると述べられ、西洋の一つの哲学思想を無批判に受け入れがちな日本知識人の通弊《つうへい》を厳しく批判しています。老いてもなお、批判精神を失われなかった先生の面目が躍如《やくじょ》としています。

続いて、二八巻にわたり、いわば「インド思想史概説」が展開します。その最初の三巻は『インド史』であり、つねに思想の背景になっている歴史的・社会的基盤を重視されるという先生の基本姿勢をよく示しています。そして、インド最古の文献『リグ・ヴェーダ』の研究、さらに、ヴェーダの終結部を飾り、後代のインド人のみならず、ショーペンハウアーなどのような近代の西洋人も感激した「ウパニシャッド」の哲学。かつてヴェーダ研究は、日本人にはきわめて近づきがたい領域、いわば聖域と見なされていました。先生は、ヴェーダに後代のインド人の人生理想の淵源《えんげん》を見いだそうとしたのです。また、ウパニシャッドというインド思想の宝庫が、可能なかぎり平易な日本語で解説され、この人類の叡智の宝庫が一般読者に解放されることになったのです。さらには、ヴェーダの宗教と文化の枠組みが崩壊するなかに登場した反ヴェーダ的自由思想家(沙門)たちの思想、そのなかでも傑出したマハーヴィーラを開祖とするジャイナ教の思想を解明し、そのような自由思想家の一人であったゴータマ・ブッダとその弟子たちの思想を原始仏教として捉えています。

『選集』にはさらに、『インドと西洋の思想交流』や古代インド哲学の中核をなす六つの哲学体系(六派哲学)、難解さで鳴るインド哲学概説『全哲学綱要』の世界最初の全訳等々、さまざまな成果が盛り込まれていますが、ここではこれ以上ふれません。ただ、いまひとつ注目しておくべきは別巻『世界思想史』(全四巻)で、「世界の諸文化圏における諸文化的伝統において平行的な発展段階を通じて見られる共通の問題の設定」というテーマを、比較という手法によって大々的に論究したものです。これは従来型の思想史、哲学史とはまったく類を異にする、前人未倒の大胆にして独創的な試みです。まさしく中村先生の独壇場といっていいでしょう。

なお、この『選集』には含まれていませんが、先生の学問の出発点となった『初期ヴェーダーンタ哲学史』全四巻(岩波書店、一九五〇〜一九五六。のち一九八七年に全五巻となる)をあげておかなければなりません。これは東京大学に提出された博士論文で、日本学士院賞恩賜《おんし》賞授賞の対象となりました。

平易なことばでわかりやすく

また、先生の業績として特筆しておかなければならないことは、学問を平易な現代語で、だれにでもわかるようにしたことです。先生はそのことに大きな努力を払われました。難解な仏教用語に適切・平易な現代語訳を与え、仏教聖典をやさしい日本語に翻訳して一般読者にも容易に親しめるようにした一例が、本書でも扱った原始仏典の数々の翻訳であり、『ブッダのことば』『神々との対話』『悪魔との対話』『ブッダ最後の旅』『仏弟子の告白』『尼僧の告白』『ブッダの真理のことば・感興のことば』などと題して刊行されました(いずれも岩波文庫)。

この姿勢は『仏教語大辞典』三巻(東京書籍、一九七四)に結実する辞典編集にもつながります。わかりやすいことばで説明され、かつ信頼できる仏教辞典が初めて出現したのです。本書のもととなったラジオ放送もその一環といえましょう。

先生が亡くなられて納棺されるとき、ご家族の方が、お花などと一緒に、世界的なベストセラーとなったヨースタイン・ゴルデル著『ソフィーの世界』上・下二巻をお棺の中に納められました。その理由は、中村先生がこれをお孫さんから借りて読もうとしたのに、読み切れないままになってしまったからだそうです。哲学を若い人にもわかりやすくし、惹《ひ》きつけるにはどうすればよいか、それを勉強したいという動機だったといいます。もっと長生きされたならば、もっとやさしい、中学生にも高校生にも愛読されるようなインド思想・仏教思想に関する書物が出版されたであろうと残念に思います。

一九九九(平成一一)年一〇月、先生は逝去されました。七月に『中村元選集』全四〇巻が完結したのを見届けた三カ月後でした。

病床に臥し、ものも言えない状態になっても、ときどき右の手首を少し上げられ、マジックペンを持つと、紙の上にあたかも原稿を書くかのようにされ、その手の動きの跡が紙にくっきりと残されました。おそらく生涯書き続けられたその習慣を、先生の右手が最期まで覚えていたのだと思います。

また、ご自宅で手厚い看護をうけておられましたが、ある夜、付添いの方に、突然はっきりした声で、「これから講義をはじめます。わたしは身体の具合が悪いので、このままで失礼いたします」と言って、きっかり四五分間、インド哲学の講義をされたそうです。おそらく最後の最期まで、東方学院の授業をなさっていたのだと思います。あたかも、ブッダが最期の瞬間まで弟子たちに法を説いていたように。

〈仏典をよむ〉

岩波現代文庫版刊行によせて

平成七年に人文科学を除外する『科学技術基本法』が制定されて以来、文部科学省は、徐々に人文・社会科学をないがしろにして、科学技術にかかわる即効性のある自然科学を振興する方向へと向かい、しだいにその傾向を強めているように思われ、良識ある人々は心を痛めている。

確かに近年の科学技術の進歩はまさに驚異的である。すでに物質の設計図を手に入れた人類は地球上のすべての生物を破滅させる事のできる原子爆弾を作り出した。それと同時に、人類の幸福のためにと発展させてきた科学技術のために、知らず知らずのうちに、自然環境は破壊され、どう処分したらよいか分からない危険な放射性廃棄物が蓄積し、地球は温暖化し、地球上のあらゆる生物を破滅の淵に追い込んでしまっている。その上に人類は、生命の設計図のみならず、近年ではそれを意のままに操作できるゲノム編集技術までも手に入れ、いまやそれが乱用される危険性が懸念されている。

他方、文明の発達により、いまや地球はグローバル化し、一つの国家のようになった観があるが、この多文化、多言語、多宗教の多民族がひしめき合う弱肉強食の地球から逃れたくても、現在の段階では、他の惑星に逃げていくわけにはいかない。このような時に、われわれは如何に生きるべきか、という問題に突き当たる。しかしこれまで頼みの綱であった科学技術は答えてくれない。このような時に頼るべきは思想や哲学や宗教などの人文・社会の諸科学ではないだろうか。

このたびシリーズ〈仏典をよむ〉全四巻が岩波現代文庫に収録されることになり、再び新しく手に取りやすい形で、中村元先生の、ＮＨＫラジオで放送された定評のある、やさしくて的確な名講義を活字で読者の皆様にお届けできるようになったことは、時宜《じぎ》にかなった企画ではないかと思う。

中村先生は、「人生に関する指針を仏教に得ようとしても、仏教の経典を、すべてにわたり片端から通読することは容易ではないから、重要な教えだけでも知りたいという希望をよく耳に」された。その読者の希望をかなえるために、テレビで「インドの思想と文化」という連続講義をされたばかりではなく、ラジオでも一九八五年四月から九月まで、『こころをよむ／仏典』（日本放送出版協会、一九八六）をテキストとして、「こころをよむ／仏典」という連続講義を行なわれた。これは再放送を求める視聴者の声が高かったせいであろうか、この連続講義は編集され、NHKサービスセンターから『NHKこころをよむ／仏典』として全一三巻のカセットとして、テキストと共に販売された。

今回岩波現代文庫に収録された〈仏典をよむ〉全四巻は、小生の監修のもとに、前述の連続講義を活字化し、全講義を内容にしたがって四分割し、第一巻『ブッダの生涯』、第二巻『真理のことば』、第三〜四巻『大乗の教え』上・下として、各巻に小生の解説を付し、二〇〇一年に三月〜九月にかけて出版されたものである。今回出版されるにあたっては、誤植の訂正と研究の進展にしたがって直すべき記述の訂正など若干の変更を加えた。

中村先生は、一九九九年一〇月一〇日満八六歳で亡くなられた。本書はその先生の連続講義を活字化したからであろうか、読んでいるうちに、今なおあたかも亡くなられた先生の講義に出席して直接講義をお聴きしているかのような錯覚にとらわれることがある。幸い思いがけず多くの読者の方々に好評をもって迎えられた。東方学院の講義にも仏教入門のテキストとして使用している。この連続講義だけで重要な原始仏典についても大乗仏典についても充分なご理解が得られるものと思うが、さらに進んで私どもの日常接している大乗仏典を学びたいと思われる読者には、中村先生の『現代語訳大乗仏典』(東京書籍、二〇〇三)をお薦めする。

最後に、現代文庫化にご快諾いただいた中村先生のご息女三木純子様をはじめご遺族の方々に謝意を表す。また十数年前にこの〈仏典をよむ〉全四巻の活字化に尽力された岩波書店の井上一夫氏と古川義子氏、並びにこのたびその現代文庫化を実現された中西沢子氏に厚く御礼を述べたいと思う。

二〇一七年八月一日

東方学院長　前田專學

本書は二〇〇一年三月、岩波書店よりシリーズ
〈仏典をよむ〉の第一巻として刊行された。

〈仏典をよむ〉1
ブッダの生涯

2017年12月15日　第1刷発行
2024年5月15日　第3刷発行

著　者　中村《なかむら》 元《はじめ》

監修者　前田《まえだ》専學《せんがく》

発行者　坂本政謙

発行所　株式会社 岩波書店
〒101-8002 東京都千代田区一ツ橋 2-5-5
案内 03-5210-4000　営業部 03-5210-4111
https://www.iwanami.co.jp/

印刷・精興社　製本・中永製本

ISBN 978-4-00-600373-9　Printed in Japan

岩波現代文庫創刊二〇年に際して

二一世紀が始まってからすでに二〇年が経とうとしています。この間のグローバル化の急激な進行は世界のあり方を大きく変えました。世界規模で経済や情報の結びつきが強まるとともに、国境を越えた人の移動は日常の光景となり、今やどこに住んでいても、私たちの暮らしは世界中の様々な出来事と無関係ではいられません。しかし、グローバル化の中で否応なくもたらされる「他者」との出会いや交流は、新たな文化や価値観だけではなく、摩擦や衝突、そしてしばしば憎悪までをも生み出しています。グローバル化にともなう副作用は、その恩恵を遥かにこえていると言わざるを得ません。

今私たちに求められているのは、国内、国外にかかわらず、異なる歴史や経験、文化を持つ「他者」と向き合い、よりよい関係を結び直してゆくための想像力、構想力ではないでしょうか。

新世紀の到来を目前にした二〇〇〇年一月に創刊された岩波現代文庫は、この二〇年を通して、哲学や歴史、経済、自然科学から、小説やエッセイ、ルポルタージュにいたるまで幅広いジャンルの書目を刊行してきました。一〇〇〇点を超える書目には、人類が直面してきた様々な課題と、試行錯誤の営みが刻まれています。読書を通した過去の「他者」との出会いから得られる知識や経験は、私たちがよりよい社会を作り上げてゆくために大きな示唆を与えてくれるはずです。

一冊の本が世界を変える大きな力を持つことを信じ、岩波現代文庫はこれからもさらなるラインナップの充実をめざしてゆきます。

（二〇二〇年一月）

G457
現代《いま》を生きる日本史

須田努
清水克行

縄文時代から現代までを、ユニークな題材と最新研究を踏まえた平明な叙述で鮮やかに描く。大学の教養科目の講義から生まれた斬新な日本通史。

G458
小国
―歴史にみる理念と現実―

百瀬宏

大国中心の権力政治を、小国はどのように生き抜いてきたのか。近代以降の小国の実態と変容を辿った出色の国際関係史。

G459
〈共生〉から考える
―倫理学集中講義―

川本隆史

「共生」という言葉に込められたモチーフを現代社会の様々な問題群から考える。やわらかな語り口の講義形式で、倫理学の教科書としても最適。「精選ブックガイド」を付す。

G460
〈個〉の誕生
―キリスト教教理をつくった人びと―

坂口ふみ

「かけがえのなさ」を指し示す新たな存在論が古代末から中世初期の東地中海世界の激動のうちで形成された次第を、哲学・宗教・歴史を横断して描き出す。〈解説〉山本芳久

G461
満蒙開拓団
―国策の虜囚―

加藤聖文

満洲事変を契機とする農業移民は、陸軍主導の強力な国策となり、今なお続く悲劇をもたらした。計画から終局までを辿る初の通史。

2024. 5

岩波現代文庫［学術］

G462
排除の現象学
赤坂憲雄

いじめ、ホームレス殺害、宗教集団への批判――八十年代の事件の数々から、異人が見出され生贄とされる、共同体の暴力を読み解く。時を超えて現代社会に切実に響く、傑作評論。

G463
越境する民
近代大阪の朝鮮人史

杉原達

暮しの中で朝鮮人と出会った日本人の外国人認識はどのように形成されたのか。その後の研究に大きな影響を与えた「地域からの世界史」。

G464
越境を生きる
ベネディクト・アンダーソン回想録

ベネディクト・アンダーソン
加藤剛訳

『想像の共同体』の著者が、自身の研究と人生を振り返り、学問的・文化的枠組にとらわれず自由に生き、学ぶことの大切さを説く。

G465
我々はどのような生き物なのか
―言語と政治をめぐる二講演―

ノーム・チョムスキー
福井直樹
辻子美保子 編訳

政治活動家チョムスキーの土台に科学者としての人間観があることを初めて明確に示した二〇一四年来日時の講演とインタビュー。

G466
ヴァーチャル日本語 役割語の謎
金水敏

現実には存在しなくても、いかにもそれらしく感じる言葉づかい「役割語」。誰がいつ作ったのか。なぜみんなが知っているのか。何のためにあるのか。〈解説〉田中ゆかり

岩波現代文庫［学術］

G467
コレモ日本語アルカ？
――異人のことばが生まれるとき――
金水　敏

ピジンとして生まれた〈アルヨことば〉は役割語となり、それがまとう中国人イメージを変容させつつ生き延びてきた。〈解説〉内田慶市

G468
東北学／忘れられた東北
赤坂憲雄

驚きと喜びに満ちた野辺歩きから、「いくつもの東北」が姿を現し、日本文化像の転換を迫る。「東北学」という方法のマニフェストともなった著作の、増補決定版。

G469
増補　昭和天皇の戦争
――「昭和天皇実録」に残されたこと・消されたこと――
山田　朗

平和主義者とされる昭和天皇が全軍を統帥する大元帥であったことを「実録」を読み解きながら明らかにする。〈解説〉古川隆久

G470
帝国の構造
――中心・周辺・亜周辺――
柄谷行人

『世界史の構造』では十分に展開できなかった「帝国」の問題を、独自の「交換様式」の観点から解き明かす、柄谷国家論の集大成。佐藤優氏との対談を併載。

G471
日本軍の治安戦
――日中戦争の実相――
笠原十九司

治安戦（三光作戦）の発端・展開・変容の過程を丹念に辿り、加害の論理と被害の記憶からその実相を浮彫りにする。〈解説〉齋藤一晴

岩波現代文庫[学術]

G472
網野善彦対談セレクション
1 日本史を読み直す
山本幸司編

日本史像の変革に挑み、「日本」とは何かを問い続けた網野善彦。多彩な分野の第一人者たちと交わした闊達な議論の記録を、没後二〇年を機に改めてセレクト。(全二冊)

G473
網野善彦対談セレクション
2 世界史の中の日本史
山本幸司編

戦後日本の知を導いてきた諸氏と語り合った、歴史と人間をめぐる読み応えのある対談六篇。若い世代に贈られた最終講義「人類史の転換と歴史学」を併せ収める。

G474
明治の表象空間(上)
—権力と言説—
松浦寿輝

学問分類の枠を排し、言説の総体を横断的に俯瞰。近代日本の特異性と表象空間のダイナミズムを浮かび上がらせる。(全三巻)

G475
明治の表象空間(中)
—歴史とイデオロギー—
松浦寿輝

近代の言説から既存の学問分類の枠を排し横断的に俯瞰。新たな輪郭線を描き出す。中巻では、進歩史観、システム、天皇制を論じる。

G477
シモーヌ・ヴェイユ
冨原眞弓

その三四年の生涯は「地表に蔓延する不幸」との闘いであった。比類なき誠実さと清冽な思索の全貌を描く、ヴェイユ研究の決定版。

2024.5